DA REPÚBLICA

O livro é a porta que se abre para a realização do homem.

Jair Lot Vieira

CÍCERO

DA REPÚBLICA

Tradução e notas
AMADOR CISNEIROS

edipro

Copyright desta edição © 2021 by Edipro Edições Profissionais Ltda.

Título original: *De Re Publica*.

Todos os direitos reservados. Nenhuma parte deste livro poderá ser reproduzida ou transmitida de qualquer forma ou por quaisquer meios, eletrônicos ou mecânicos, incluindo fotocópia, gravação ou qualquer sistema de armazenamento e recuperação de informações, sem permissão por escrito do editor.

Grafia conforme o novo Acordo Ortográfico da Língua Portuguesa.

3ª edição, 2021.

Editores: Jair Lot Vieira e Maíra Lot Vieira Micales
Coordenação editorial: Fernanda Godoy Tarcinalli
Tradução e notas: Amador Cisneiros
Edição de texto: Fernanda Godoy Tarcinalli
Revisão: Brendha Rodrigues Barreto
Diagramação: Ana Laura Padovan e Karine Moreto de Almeida
Capa: Ana Laura Padovan
Imagem da capa: Discurso de Cícero no Senado contra Catilina, Hans Werner Schmidt, Weimar (Alemanha), 1912

Dados Internacionais de Catalogação na Publicação (CIP)
(Câmara Brasileira do Livro, SP, Brasil)

Cícero, Marco Túlio
  Da República / Marco Túlio Cícero ; tradução Amador Cisneiros. – 3. ed. – São Paulo : Edipro, 2021.

  Título original: De Re Publica.
  ISBN 978-65-5660-036-9 (impresso)
  ISBN 978-65-5660-037-6 (e-pub)

  1. Ciência política – Obras anteriores a 1800 2. Roma – Política e governo I. Título.

21-54703   CDD-320.01

Índice para catálogo sistemático:
1. Ciência política : Filosofia : 320.01

Aline Graziele Benitez - Bibliotecária - CRB-1/3129

edipro

São Paulo: (11) 3107-7050 • Bauru: (14) 3234-4121
www.edipro.com.br • edipro@edipro.com.br
@editoraedipro   @editoraedipro

SUMÁRIO

Nota da edição 7

LIVRO PRIMEIRO 11

LIVRO SEGUNDO 47

LIVRO TERCEIRO 75

LIVRO QUARTO 91

LIVRO QUINTO 95

LIVRO SEXTO 101

NOTA DA EDIÇÃO

Esta é uma das obras mais antigas de Cícero, e foi produzida no período de 54-51 a.c. Composta por seis livros, e muito apreciada na antiguidade pela importância de seu teor político, *Da República* teve a maior parte de seu texto perdido por um longo período, tendo chegado à modernidade apenas o final do livro sexto, conhecido como "O sonho de Cipião". Todavia, parte substancial do texto foi recuperada por Angelo Mai, professor e filólogo italiano que assumiu o cargo de guardião da Biblioteca Apostólica do Vaticano em 1819, e que dedicou grande parte de seu trabalho à análise e investigação de palimpsestos à procura de textos perdidos.

O manuscrito recuperado foi organizado pelo professor Angelo Mai e publicado pela primeira vez em 1822, como a obra que conhecemos hoje, composta por seis livros, e com uma série de indicações de lapsos do conteúdo não recuperado. Algumas edições posteriores procuraram identificar com mais precisão o volume de texto perdido e sua localização ao longo da obra, assim como apresentar supostos trechos posteriormente recuperados e apontados como de autenticidade duvidosa.

Para a preparação da presente edição, nos pautamos no texto traduzido por Amador Cisneiros. Posteriormente realizamos um extenso cotejo com três edições publicadas entre 1823 e 1853, em latim e em inglês, e procuramos apontar com clareza as evidentes e as prováveis lacunas oriundas do manuscrito original, indicando-as sempre entre colchetes e sob a forma de notas da edição.

As edições que serviram de apoio a esse trabalho foram: *De Re Publica*. Angelo Mai (ed.). Londres: Impensis J. Mawman, 1823; *The Republic of Cicero*. G. W. Featherstonhaugh (trad.). Nova York: G. & C. Carvill, 1829; e *The Treatises of M. T. Cicero*. C. D. Yonge (trad.). Londres: Henry G. Bohn, 1853.

Tuberão   Rutílio   Manílio   Lélio

Cipião   Filão   Fânio   Cévola   Múmio

Fonte: *De Re Publica*. Londres. Impensis J. Mawman. 1823.

LIVRO PRIMEIRO

|

Sem o amor pátrio, não teriam Duílio[1], Atílio[2] e Metelo[3] libertado Roma do terror de Cartago; sem ele, não teriam os dois Cipiões apagado o incêndio da segunda guerra púnica, e, quando seu incremento foi ainda maior, não o teria debilitado Quinto Máximo[4], nem extinguido M. Marcelo[5], nem impelido P. Africano[6] às próprias muralhas inimigas. Certamente a Catão[7], homem cuja família era desconhecida e de quem, não obstante, todos os que estudam as mesmas verdades invejam a glória que alcançou com suas virtudes e com o seu trabalho, podia ser lícito deleitar-se ociosamente no saudável e próximo sítio de Túsculo[8]. Mas o homem veemente prefere, embora seja chamado de louco e a necessidade não o obrigue, arrostar as tempestades públicas entre suas ondas, até sucumbir decrépito, a viver no ócio prazenteiro e na tranquilidade. Deixo de nomear os inúmeros varões que salvaram a República, e passo em silêncio àqueles de quem se conserva recente memória, temeroso de suscitar queixas com a omissão de algum. Afirmarei, sim, que tamanha é a necessidade de virtude que o gênero humano experimenta por natu-

---

1. Cônsul romano que teve a ideia de munir seus navios com pranchas, uma espécie de ponte que os ligava aos barcos adversários, possibilitando, assim, aos soldados da infantaria embarcados passar para os navios inimigos e combater como se estivessem em terra, estratagema que possibilitou a Duílio alcançar a vitória de Milas. Para celebrar o triunfo de Duílio, ergueu-se a famosa *rostrata columna* (coluna rostral).
2. Atílio Régulo, tendo caído em poder dos cartagineses, foi por estes enviado a Roma, a fim de propor ao Senado uma troca de prisioneiros. Evitou, porém, que o Senado aceitasse a proposta e, malgrado as súplicas de sua mulher Márcia e dos seus filhos, voltou a Cartago e foi supliciado.
3. Cônsul romano no ano 251 a.C., vencedor dos cartagineses na Sicília.
4. Quinto Fábio Máximo, cognominado o *Cunctator* (o Contemporizador), soube, com sua tática prudente, sustar os progressos de Aníbal.
5. Marco Cláudio Marcelo, que durante a segunda guerra púnica tomou Siracusa.
6. Públio Cornélio Cipião, o *Africano*, que se distinguiu na segunda guerra púnica e venceu Aníbal em Zama. Seu neto adotivo Cipião Emiliano, filho de Paulo Emílio, que foi o segundo de nome *Africano*, foi o destruidor de Cartago no ano 146 a.C.
7. Catão, o Antigo ou o Censor, célebre pela austeridade dos seus princípios e ao qual se atribui a famosa frase: *Delenda Carthago!* ("Destrua-se Cartago!").
8. Antiga cidade do Lácio.

reza, tão grande o amor à defesa da saúde comum, que essa força triunfa sempre sobre o ócio e a voluptuosidade.

II

Mas não é bastante ter uma arte qualquer sem praticá-la. Uma arte qualquer, pelo menos, mesmo quando não se pratique, pode ser considerada como ciência; mas a virtude afirma-se por completo na prática, e seu melhor uso consiste em governar a República e converter em obras as palavras que se ouvem nas escolas. Nada se diz, entre os filósofos, que seja reputado como são e honesto, que não o tenham confirmado e exposto aqueles pelos quais se prescreve o direito da República. De onde procede a piedade? De quem a religião? De onde o direito das gentes? E o que se chama civil, de onde? De onde a justiça, a fé, a equidade, o pudor, a continência, o horror ao que é infame e o amor ao que é louvável e honesto? De onde a força nos trabalhos e perigos? Daqueles que, informando esses princípios pela educação, os confirmaram pelos costumes e os sancionaram com as leis. Perguntando-se a Xenócrates[9], filósofo insígne, que conseguia seus discípulos, respondeu: "Fazer espontaneamente o que se lhes obrigaria a fazer pelas leis.". Logo, o cidadão que obriga todos os outros, com as penas e o império da lei, às mesmas coisas a que a poucos persuadem os discursos dos filósofos é preferível aos próprios doutores. Onde se poderá encontrar discurso de tanto valor que se possa antepor a uma boa organização do Estado, do direito e dos costumes? Assim, julgo preferíveis as cidades magnas e dominadoras, como as denomina Ênio[10], aos castelos e praças-fortes; creio, igualmente, que aos que governam a República com sua autoridade se deve antepor a sabedoria dos peritos em negócios públicos. Já que nos inclinamos a aumentar a herança da humanidade; já que para isso se encaminham nossos estudos e trabalhos, estimulados pela própria natureza, e mais, para tornar mais poderosa e opulenta a vida do homem, sigamos o caminho que os melhores em-

---

9. Filósofo grego, discípulo de Platão, cujas doutrinas se esforçou por conciliar com as de Pitágoras.
10. Um dos mais antigos poetas latinos, grego de nascimento (240-169 a.C.).

preenderam, e não escutemos as vozes e os sinais que nos chamam por detrás e a que os nossos predecessores fecharam os ouvidos.

III

A essas razões tão certas e evidentes se opõem, entre os que argumentam em contrário, em primeiro lugar, os trabalhos que acarreta a defesa da República, impedimento insignificante para o homem ativo e vigilante, e desprezível não só em coisa de tanta importância como também nas de menos interesse, nos estudos, nos assuntos comuns e nos negócios ordinários. Acrescenta-se o perigo de perder a vida; opõe-se o temor à morte, torpe e vergonhoso para o varão íntegro, habituado a considerar mais miserável consumir-se pela natureza e pela senectude do que dar valorosamente à pátria, em um momento determinado, o que cedo ou tarde terá de devolver à natureza.

É nesse lugar que se julgam fortes e vitoriosos os adversários, ao alegarem as ingratidões e injustiças sofridas pelos mais preclaros varões. Aqui apresentam exemplos tomados dos gregos: Milcíades[11], dominador e vencedor dos persas, não curado ainda dos ferimentos que recebera lutando corpo a corpo em preclara vitória, perdeu a vida, que salvara das armas inimigas, nas masmorras da cidade; e Temístocles[12], proscrito da pátria que lhe devolvia a liberdade, buscou asilo não nos portos da Grécia por ele salvos, mas entre os bárbaros que em outros tempos hostilizara. Não são, certamente, poucos os exemplos da volubilidade e crueldade dos atenienses para com seus mais preclaros varões; exemplos que, se repetindo frequentemente entre eles, não falta quem assegure que tenham passado para a nossa cidade. Recordam-se, a esse propósito, ora o desterro de Camilo[13], ora a desdita de Aala[14],

---

11. General ateniense, vencedor dos persas na batalha de Maratona.
12. General ateniense, adversário de Aristides. Acusado de peculato, foi exilado e retirou-se para a Pérsia, onde morreu.
13. Tribuno e ditador romano que mereceu, pelos seus serviços, o título de segundo fundador de Roma.
14. Servílio Aala, que matou Espúrio Mélio.

a inveja de Nasica[15], ora o ostracismo de Lenas[16], ou a condenação de Opímio[17], ou a fuga de Metelo, ora o doloroso assassínio de C. Mário[18], a morte dos chefes, ora outras muitas desditas que pouco depois se sucederam. Não deixam de citar meu próprio nome. E creio mesmo que, imaginando dever a meus riscos e conselhos a conservação de sua vida e do seu repouso, amantes e ternos, de meus males se queixam. É estranho que se admirem nos sacrifícios pela pátria aqueles que a ambição ou a curiosidade leva aos mares. [***]*

IV

Quando jurei, ao deixar o Consulado, na assembleia do povo romano, que repetiu meu juramento, que eu salvara a pátria, senti a recompensa das inquietações e cuidados que me produziam as injúrias. Por mais que minhas desditas tivessem mais de honras do que de trabalhos, e não tanto de inquietação como de glória, maior alegria recebi pelos votos dos bons do que dor pela alegria dos maus. Mas se tivesse acontecido outra coisa, do que me poderia queixar? Nada para mim seria imprevisto nem grave que não esperasse por meus feitos. Ainda mesmo que fosse lícito colher o maior fruto do ócio pelo doce e variado dos estudos a que me consagro desde a infância, e ainda mesmo que, sobrevindo algum desastre geral, minha condição não devesse ser pior, mas a mesma dos outros, não vacilaria em arrostar as maiores tormentas e as próprias inundações fluviais pela conservação dos cidadãos, julgando sacrificar meu bem-estar em arras da tranquilidade comum. A pátria não nos gerou nem educou sem esperança de recompensa de nossa parte, e só para nossa comodidade e para procurar retiro pacífico para a nossa incúria e lugar tranquilo para o nosso ócio, mas para aproveitar, em sua própria utilidade, as mais numerosas e melhores faculdades das nossas almas, do nosso engenho, deixando somente o que a ela possa sobrar para nosso uso privado.

15. Cipião Nasica, primo do primeiro Africano, inimigo implacável de Tibério Graco.
16. Um dos membros da família Popólia.
17. Opímio Nepote, cônsul que provocou a morte de Caio Graco.
18. Caio Mário, cônsul romano, vencedor dos Cimbros, rival de Sila.
*. Provável lapso do original. (N.E.)

V

Na verdade, não devemos ouvir os subterfúgios que empregam os que pretendem gozar facilmente de uma vida ociosa, embora digam que acarreta miséria e perigo auxiliar a República, rodeada de pessoas incapazes de realizar o bem, com as quais a comparação é humilhante, em cujo combate há risco, principalmente diante da multidão revoltada, pelo que não é prudente tomar as rédeas quando não se podem conter os ímpetos desordenados do populacho, nem é generoso expor-se, na luta com adversários impuros, a injúrias ou ultrajes que a sensatez não tolera; como se os homens de grande virtude, animosos e dotados de espírito vigoroso, pudessem ambicionar o poder com um objetivo mais legítimo que o de sacudir o jugo dos maus, evitando que estes despedacem a República, que um dia os homens honestos poderiam desejar, mas então inutilmente, erguer de suas ruínas.

VI

Quem pode demonstrar a isenção que nega ao sábio toda participação dos negócios públicos, exceto nos casos em que o tempo ou a necessidade o obrigue? A quem pode sobrevir maior necessidade do que a mim, na qual nada teria podido fazer, mesmo não sendo cônsul? Como o poderia eu ter sido sem ter feito esta carreira desde a minha infância, pela qual teria de chegar, de cavaleiro, a esta suprema honra? Não está em nossas mãos servir à República quando a vontade o ordena e de improviso, mesmo quando ela corra grave risco, se não nos tivermos colocado antes em condições favoráveis. E, em geral, o que mais estranho nos discursos dos sábios é que os que negam ser possível governar uma nave em um mar tranquilo, porque nunca procuraram saber fazê-lo, se julguem capazes de tomar o leme quando sobrevém a borrasca. Assim costumam falar e disso se gabam com não pouca frequência; esquecendo os meios de constituir solidamente um Estado, atribuem tal conhecimento não aos homens doutos e eminentes, mas aos experimentados nessa modalidade de conhecimento. Como poderão cumprir a promessa de auxiliar a República em transes difíceis, quando ignoram o que é mais fácil: governar o Estado em tempo de bonança? Realmente, os sábios não costumam, por vontade própria, descer aos negócios públicos, e nem sempre admitem esse encargo; mas também julgo perigoso descuidar arbitrariamente o conhecimento dos negócios públicos sem se preparar para qualquer eventualidade e desconhecendo o que pode ocorrer.

VII

Se me estendi tanto em considerações sobre esse ponto, é porque este livro é uma discussão empreendida e seguida por mim a respeito do Estado; e, para não frustrá-la, tive primeiro de combater as dúvidas e desânimos que nos afastam dos negócios públicos. Se houver alguém a quem decida a autoridade dos filósofos, escolha com cuidado e escute aqueles cuja autoridade e cuja glória são reconhecidas pelos homens mais doutos, aos quais estimo, mesmo quando não tenham dirigido a nave do Estado, porque em compensação muito indagaram e escreveram a respeito dessas questões, desempenhando uma espécie de magistratura. Os sete varões que os gregos chamaram de sábios foram versados na administração pública; e, realmente, em nada se aproxima tanto o nume humano do divino como ao fundar novas nações ou conservar as já fundadas.

VIII

Pelo que me respeita, a mim que consegui alcançar digna reputação na gestão dos negócios e encontrar felicidade para explicar os fundamentos das coisas civis, posso, com minha experiência, discernir e mostrar que os meus antecessores – alguns versados nas discussões – não desempenharam nenhum cargo prático, e outros, práticos nas gestões públicas, eram rudes em oratória. Não é minha intenção instituir novas regras, de minha própria invenção, mas repetir as opiniões dos preclaros e sábios varões de que se guarda memória em nossa idade e na nossa República; ainda adolescente, pudemos apreciá-las dos lábios de P. Rutílio Rufo[19], em Esmirna, que nos referiu uma controvérsia de muitos dias, e na qual

---

19. Cônsul ao tempo de Sila, reputado o mais virtuoso do seu século.

julgo não estar omitindo ponto algum de interesse que se possa relacionar com este grande assunto.

IX

Sendo cônsules Tuditano[20] e Aquílio[21], P. Cipião, o Africano, filho de Paulo[22], decidiu passar as férias latinas nos seus jardins, confiando na promessa feita pelos amigos de frequentá-lo naqueles dias; no primeiro dia de festa, veio o primeiro Q. Tuberão[23], filho de sua irmã, a quem Cipião viu com alegria e perguntou:

— Como, tu por aqui tão cedo, Tuberão? Estas férias davam-te ocasião oportuna para te entregares aos teus estudos.

— Tenho muito tempo – respondeu – para me ocupar com meus livros, que estão sempre abandonados; mas a ti é mais difícil ficar ocioso, e muito mais em tempo de comoções públicas.

— De onde se conclui – replicou Cipião – que minha ociosidade mais revela falta de negócios do que de ânimo.

Ao que disse Tuberão:

— Verdadeiramente proveitoso te seria menos ânimo e mais descanso, porque somos muitos os que resolvemos abusar de teu ócio, se isto não te incomoda.

— Consinto nisso, e assim não deixaremos de adquirir algum novo conhecimento.

X

— Queres, pois, já que me dás confiança, e de certo modo me convidas, que examinemos, antes que cheguem nossos amigos, o que possa ser o novo sol que se anunciou no Senado? Não são poucos, nem de pouco crédito, os que dizem ter visto dois sóis, e a desconfiança não é tanta como o afã de procurar para esse fato uma explicação.

Disse, então, Cipião:

---

20. Cônsul romano.
21. *Idem.*
22. Lúcio Emílio Paulo, pai do Africano.
23. Sobrinho de Cipião, o Africano.

— Como sinto falta da presença de Panécio[24], que estada com verdadeiro interesse, entre outras coisas, esses maravilhosos fenômenos celestes! Por minha parte, Tuberão, se devo dizer-te o que sinto, não posso assentir no que ele afirma como se visse e tocasse coisas das quais apenas podemos formar vagas hipóteses; por isso, costumo julgar mais sábio a Sócrates[25], que prescinde dessa curiosidade nunca satisfeita, por se tratar de coisas superiores à razão humana, ou talvez indiferentes à vida do homem.

— Ignoro, Africano – disse Tuberão – por que se conserva a memória de que Sócrates desprezava esse gênero de discussões, para só procurar indagar tudo quanto se refere aos costumes da vida. Que autor podemos encontrar que a ele se refira, de mais autoridade que Platão[26]? Em seus livros e em muitas passagens, a linguagem de Sócrates é tal que, mesmo discutindo a respeito dos costumes, das virtudes e até da República, mistura os números, a geometria e a harmonia, seguindo o exemplo de Pitágoras[27].

Cipião replicou:

— É assim como dizes; mas creio ter ouvido de ti, Tuberão, que, uma vez morto Sócrates, Platão transladou-se primeiro para o Egito, pelo desejo de saber, depois para a Itália e para a Sicília, a fim de estudar Pitágoras; que teve ocasião de discorrer com Arquitas[28], Terentino[29] e com Timeu[30], que recolheu os comentários de Filolau[31] e que, como naqueles tempos e lugares encontrasse no auge os estudos pitagóricos, entregou-se aos estudos de sua escola. Mas, como também Sócrates lhe era predileto e queria que tudo favorecesse sua doutrina, uniu o enlace e a sutileza da eloquência socrática à profundidade e obscuridade de Pitágoras.

---

24. Personagem desconhecida.
25. Famoso filósofo grego, cujas doutrinas Platão expõe nos *Diálogos*. Acusado de corromper a juventude, Sócrates foi condenado a beber cicuta.
26. Grande filósofo da Grécia, discípulo de Sócrates e mestre de Aristóteles.
27. Filósofo e matemático grego, de existência problemática. É tido como o fundador da seita dos *pitagóricos*.
28. Filósofo pitagórico.
29. De Tarento.
30. Filósofo pitagórico, ao qual Platão dedica um dos seus *Diálogos*.
31. Filósofo pitagórico.

XI

Nem bem Cipião disse isso, viu se aproximar L. Fúrio[32] e, saudando-o amistosamente, atraiu-o e colocou-o a seu lado. E como visse também P. Rutílio, que é o autor desta narração, depois de saudá-lo, convidou-o a sentar-se perto de Tuberão. Então, Fúrio:
— Que discutis? – disse – Pusemos fim ao vosso diálogo?
— Não, de modo algum – respondeu o Africano –, posto que com frequência investigas com interesse as questões do gênero das que propôs Tuberão há breves instantes, e Rutílio tampouco deixava, comigo, de se ocupar algumas vezes com elas, no sítio de Numância.
— Qual era a matéria da discussão? – perguntou Filão[33].
— Os dois sóis que dizem ter visto, e a respeito dos quais ele deseja, Filão, conhecer a tua opinião.

XII

Quando Africano disse isso, um escravo anunciou que Lélio[34] não tardaria, pois já tinha saído de casa. Então, Cipião, trajando suas roupas mais luxuosas, depois de dar alguns passos no pórtico, saudou o recém-vindo Lélio e seus companheiros Espúrio Múmio[35], seu amigo predileto, e Fânio[36] e Quinto Cévola[37], genros de Lélio e jovens instruídos, já na idade de poderem ser questores; depois de saudar todos, voltou ao pórtico, colocando Lélio no meio, como lhe concedendo um direito de preferência na sua amizade para com eles pela adoração que este professava nos campos ao vencedor da África, que obrigava Cipião a homenageá-lo na cidade pela sua superioridade em anos. Tendo-se dirigido mutuamente a palavra,

---

32. Da família de Camilo, o famoso ditador que salvou Roma da invasão gaulesa.
33. Arquiteto e orador ateniense, contemporâneo de Demétrio de Falero.
34. Lélio, o Sábio, amigo do segundo Cipião, o Africano.
35. Amigo de Cipião.
36. *Idem*.
37. Descendente de Múcio Quinto Cévola (o Canhoto), o jovem romano que, depois de se ter introduzido no acampamento de Porsena para matá-lo e tendo assassinado o secretário do rei julgando que se tratasse de Porsena, foi conduzido à presença deste e, então, como para castigar o seu engano, queimou a mão direita em um braseiro.

Cipião, a quem era grata a presença dos amigos, quis que estes repousassem no lugar do jardim que o sol mais banhava com seus raios, porque era, do ano, a estação de inverno; e, ao fazê-lo, apareceu um varão muito ilustrado e querido por todos, M. Manílio[38], que, depois de saudar Cipião e os outros amigos, sentou-se ao lado de Lélio.

XIII

Filão disse, então:

— Não creio que a presença dos recém-vindos deva forçar-nos a procurar diferente assunto de controvérsia, mas tratá-lo com mais calma e dizer alguma coisa digna dos que nos escutam.

— De que tratáveis, ou qual era a conversação por nós interrompida? — perguntou Lélio.

Filão respondeu:

— Cipião me perguntava qual o meu parecer sobre os dois sóis, cuja aparição se testemunha geralmente.

— E já sabemos, Filão, tudo o que concerne às nossas casas e à República, para nos ocuparmos do que acontece no céu?

— Pensas – replicou este – que não interessa aos nossos lares saber o que acontece no imenso domicílio, que não é o encerrado entre nossas paredes, mas o mundo todo, que os deuses nos deram como albergue e pátria, fazendo-os nisto seus partícipes? Além do que, se ignoramos isso, teremos de ignorar também muitas e grandes coisas. Por minha parte, e provavelmente pela tua e pela de todos os ávidos de sabedoria, a consideração e o conhecimento dessas coisas me deleitam.

Lélio respondeu:

— Não o nego, e menos ainda em tempo de férias; mas poderemos ainda ouvir algo, ou viemos tarde?

— Nada está ainda discutido e, estando a questão íntegra, com prazer te concedo a palavra para que exponhas a respeito o teu julgamento.

— Escutemos-te primeiro, a menos que Manílio prefira resolver o litígio entre ambos os sóis, dando a ambos a possessão do céu.

---

38. Autor de um poema sobre astronomia.

— Zombas – disse Manílio – da jurisprudência que me honro em conhecer, sem a qual quem distinguiria o seu do alheio? Mas deixemos essa questão e escutemos Filão, que maiores dificuldades tem resolvido do que as que no presente nos preocupa, P. Múcio e eu.

XIV

Filão: — Nada de novo direi por mim descoberto ou pensado; não posso esquecer que C. Sulpício Galo[39], homem sábio e douto, conforme se afirma universalmente, ouvindo falar de um caso semelhante em casa de M. Marcelo, que fora cônsul com ele, mandou que lhe trouxessem o globo celeste que o avô de Marcelo tomara, no sítio de Siracusa, daquela cidade magnífica e opulenta, sem tirar de tão abundante conquista outro despojo; eu ouvira falar dessa esfera a propósito da glória e do renome de Arquimedes[40], e me admiraria se não soubesse que existia outra mais notável, construída pelo próprio Arquimedes e levada por Marcelo ao templo da virtude. Mas depois, quando Galo começou a explicá-la com sua grande sabedoria, achei que o siciliano tinha mais gênio do que a natureza humana parecia permitir. Galo dizia que a outra esfera sólida e maciça era invenção antiga, posto que o primeiro modelo se devia a Tales de Mileto[41], que depois Eudóxio de Cnido[42] havia nela representado e descrito todos os astros que podemos admirar na abóbada celeste, e que muitos anos depois Arato[43] a completara com seus versos, aproveitando esses desenhos e valendo-se não da ciência astronômica, mas da poética. Esse gênero de esfera em que se representa o movimento do sol e da lua e o das cinco estrelas que se chamam errantes, não se podia demonstrar de um modo sólido. E o mais admirável, no invento de Arquimedes, consiste em ter ele achado um meio de demonstrar a convergência dos astros para um ponto no meio da diversidade e desigualdade de todos os seus movimentos e tra-

---

39. Astrônomo.
40. Ilustre geômetra da Antiguidade, nascido em Siracusa.
41. Filósofo grego da escola jônica, autor de uma *Cosmologia*.
42. Astrônomo grego a quem se atribui a invenção do quadrante solar horizontal.
43. Poeta e astrônomo grego, autor de um poema célebre sobre os *Fenômenos*.

jetórias. Quando Galo punha a esfera em movimento, via-se, a cada volta, a lua suceder ao sol, no horizonte terrestre, como ela sucede ao sol todos os dias no céu; via-se, por conseguinte, o sol desaparecer na esfera, como no céu, e pouco a pouco a lua vir projetar-se na sombra da terra, ao mesmo tempo que sol surge do lado oposto. [∗∗∗]*

XV

[∗∗∗] E eu estimava muito aquele homem, sabendo o grande afeto que meu pai, Paulo[44], lhe dedicava. Lembro-me de que, nos tempos da minha adolescência, sendo meu pai cônsul na Macedônia e estando na guerra, a superstição e o terror assaltaram o nosso exército, quando, por uma noite serena, de súbito, a lua, que resplandecia no céu refulgente, eclipsou-se. Então, ele, que um ano antes do Consulado foi legado nosso, não teve dúvida em ensinar ao exército, no dia seguinte, que não existia prodígio em tal fenômeno, e que sucederia o mesmo em futuras e determinadas épocas, quando o sol estivesse de tal forma colocado que a sua luz não pudesse alcançar a lua.

— Mas como – perguntou Tuberão – ensinar àqueles homens incultos e nada científicos essas questões?

Cipião: — Isto é certo [∗∗∗]** nem insolente ostentação, nem palavras impróprias de um homem sério e digno foram as suas. Nada melhor podia alguém propor-se do que afastar daqueles homens perturbados o terror supersticioso.

XVI

E não foi de outro modo, na grande guerra que sustentaram os atenienses e os lacedemônios, que Péricles[45] – príncipe na sua cidade da autoridade, da prudência e da eloquência –, assim que escureceu o sol, as trevas repentinamente se fizeram e o receio assaltou o espírito dos atenienses,

---

*. Lapso do original: perderam-se cerca de oito a dez páginas do manuscrito entre os capítulos XIV e XV. (N.E.)
44. Pai de Cipião.
**. Lapso do original: perderam-se cerca de duas páginas do manuscrito. (N.E.)
45. Célebre orador e estadista ateniense.

ensinou aos seus concidadãos, diz-se, o que ele mesmo aprendera de Anaxágoras[46], a quem ouvira, isto é, que, em períodos de tempo necessários e regulares, quando toda a lua se encontrasse sobre o sol, sucederia o mesmo em alguns meses, se bem que não em todos. E como, ao discutir, demonstrasse com razões o que afirmava, livrou seu povo do terror; no entanto, por esse tempo, era nova e ignorada a razão do escurecimento do sol pela interposição da lua, razão que, segundo se assegura, foi Tales o primeiro a descobrir. Não escapou, depois, à intervenção do nosso Ênio, que escreveu pelo ano 350 da fundação de Roma: "Nas nonas de junho, a lua pôs-se diante do sol, e (se fez) noite"; e foi tal nessa matéria o aperfeiçoamento que, a partir desse dia, cuja data vemos consignada nos versos de Ênio e nos anais máximos, reputaram-se naturais os eclipses anteriores ao que se verificou nas nonas de junho, no reino de Rômulo[47], eclipse este que deu lugar, com sua escuridão, a que se julgasse devido a um fato prodigioso.

XVII

Tuberão disse, então: — Não vês, Africano, como esta ciência, que antes te parecia insignificante [∗∗∗]* Que se pode ensinar que pareça grande aos humanos e ao que penetra o domínio dos deuses? Que pode existir de duradouro para quem conhece o eterno? Que haverá de glorioso para quem vê quão pequena é a Terra em toda a sua extensão e na sua parte habitada, quão insignificante é o sítio que ocupamos para esperar que, deste ponto, ignorado de muitíssimos povos, poderá nosso nome voar, longe, nas asas da glória? Certamente, para aquele que nem os gados, nem os edifícios, nem o dinheiro consideram como verdadeira riqueza, pouco valem todas as coisas deste mundo, cujo desfruto é, na sua opinião, limitado, o uso pequeno, incerto o domínio, sem contar que, às vezes, os homens mais pequenos desfrutam das maiores riquezas. Feliz o homem que pode verdadeiramente gozar do bem universal, não por mandamento

---

46. Filósofo grego considerado o fundador do teísmo filosófico.
47. Lendário fundador e primeiro rei de Roma.
 *. Lapso do original: perderam-se cerca de duas páginas do manuscrito. Neste ponto o texto retoma e dá sequência à fala de Cipião. (N.E.)

das leis, mas em virtude de sua sabedoria; não por um pacto civil que com ele se queira celebrar, mas pela natureza mesma que dá a cada um o que julga que pode saber, usar e ser-lhe útil. Quem aprecia o Império e o Consulado como coisas impostas e não como apetecíveis, considera um dever desempenhá-los; quem encara esses encargos como um gravame e não como algo benéfico que lhe há de trazer honra e proveito; quem de si mesmo pode dizer o que escrevia de Catão meu avô Africano, que nunca era mais ativo do que quando nada fazia, que nunca estava menos só do que quando se encontrava solitário – somente esse é feliz!

— Quem poderá crer, de fato, que Dionísio[48], quando conseguiu tirar a liberdade de seus súditos, fez algo mais importante do que Arquimedes, quando, nada fazendo em aparência, terminou essa própria esfera da qual nos ocupamos? Quem não está mais só do que aqueles que, em meio à turbulência e ao ruído da cidade e do foro, não encontram com quem falar, sendo-lhes gratos testemunhos, assistem às controvérsias dos sábios, alimentam-se com os encantos de suas obras e inventos? Quem se poderá julgar mais poderoso do que aquele que nada necessita do que deseja a sua natureza, ou mais rico do que o que vê serem maus todos os seus desejos, ou mais santo e feliz do que o que se vê livre de toda perturbação de ânimo, ou quem mais firme na sua fortuna do que aquele que pode levar consigo mesmo, embora no seu naufrágio, todos os seus bens? Que império, que magistratura, que reino pode superar o estado daquele que, contemplando da altura de sua sabedoria todas as coisas humanas a ela inferiores, só se ocupa com o eterno e o divino, persuadido de que, sendo todos homens, só o são propriamente os que reúnem os atributos da humanidade? Eis por que tão eloquentes me parecem as frases de Platão, ou de quem quer que as tenha dito, quando, tendo-o levado a tempestade, com outros companheiros, a terras ignotas e a uma costa deserta, por entre o temor que nos outros fazia surgir a ignorância do sítio, viu, segundo se diz, figuras geométricas desenhadas na areia, e, com ânimo sereno, exclamou: "— Vede, pois, vestígios de homem.". Interpretou assim não o cultivo dos campos, mas os indícios da ciência. E por isso, Tuberão, agradaram-me sempre as ciências, os sábios e os teus próprios estudos.

---

48. Tirano de Siracusa que expulsou os cartagineses da Sicília.

XVIII

Então, Lélio: — Não me atrevo – disse – a acrescentar a isso coisa alguma, Cipião; porque nem a ti, nem a Filão, nem a Manílio [***]*
Tivemos na família de Tuberão um amigo digno de servir-lhe de modelo: "Élio Sexto[49], homem realmente sensato e de coração reto"; que de fato assim o fora, também Ênio o afirma, não pelo fato dele procurar aquilo que jamais descobriria, mas porque dava aos que o consultavam respostas que os libertavam das preocupações e dificuldades. Disputando contra os estudos de Galo, tinha sempre nos lábios frases que, na *Ifigênia*[50], pronuncia Aquiles[51]: "— Os astrônomos estudam os movimentos no céu, localizam o Júpiter, a Cabra, o Escorpião e outros nomes de animais; nem sequer conseguem ver o que está sob seus próprios pés e querem perscrutar o espaço celeste". Costumava dizer também, e disso sou testemunha, por o ter ouvido mais de uma vez com prazer e atenção, que o neto de Pacúvio[52] odiava muito a ciência e o deleitava mais o Neoptólemo[53] de Ênio, que opinava ser bom filosofar, embora não muito. Pelo que, se os estudos dos gregos tanto vos deleitam, nem por isso deixa de haver outros melhores e mais livres latinos, que já aos usos da vida, já aos negócios da República podemos aplicar. Quanto às ciências abstratas, se têm alguma utilidade, consiste esta em preparar a infância para discernir coisas mais importantes.

XIX

Tuberão: — Não dissinto de tua opinião, Lélio; mas dize-me quais são as coisas que consideras de maior importância.

Lélio: — Di-lo-ei, embora provoque teu menosprezo, porque foste tu que interrogasse Cipião a respeito das coisas celestes; creio que o que

---

*.   Lapso do original: perderam-se cerca de duas páginas do manuscrito. (N.E.)
49. Tarquínio Sexto.
50. Tragédia de Eurípedes.
51. Herói lendário que se distinguiu na guerra de Troia.
52. Poeta dramático latino, contemporâneo de Cipião, o Africano.
53. Filho de Aquiles.

temos diante dos olhos deve ser examinado de preferência a tudo o mais. Por que o neto de Paulo Emílio[54], por exemplo, sobrinho de Emilian[55] filho de família tão nobre, esperança de tão grande povo, se inquieta pela aparição de um duplo sol, e não indaga a causa por que hoje temos, em uma só República, dois senados e quase dois povos inimigos? De fato, bem o vês; os detratores, os inimigos de Cipião, incitados por Crasso[56] e Clódio[57], continuam, apesar da morte de seus dois chefes, mantendo em dissidência conosco a metade do Senado, sob a influência de Metelo e Múcio[58]; e o único homem que poderia salvá-lo nesta rebelião dos aliados e dos latinos, entre os pactos violados na presença de triúnviros facciosos, que suscitam cada dia uma nova intriga, no meio da consternação dos homens de bem e dos ricos, não pode vir em nosso auxílio, porque não lhe permitem fazer frente aos nossos perigos. Crede-me, pois, adolescentes; não vos inquieteis por um novo sol, que exista é fenômeno impossível, mas, mesmo existindo, seria sem perigo para nós; somos incapazes de compreender esses mistérios, e, se chegássemos a compreendê-los, não seríamos nem melhores nem mais felizes. A unidade do povo, pelo contrário, e a do Senado, são coisas possíveis, e sua ausência acarreta todos os perigos. Pois bem: vemos que essa dupla concórdia não existe, e sabemos que, ao restabelecê-la, teríamos mais sabedoria e mais felicidade.

XX

Múcio disse: — Que pensas, pois, Lélio, que devamos aprender para alcançar esse fim?

— As artes que nos tornam úteis à República, porque esse é o mais glorioso benefício da sabedoria e o maior testemunho da virtude, assim como o maior de seus deveres. A fim de empregar estes dias de festa em

---

54. Cônsul romano, morto na batalha de Canas. Seu filho Paulo Emílio, o *Macedônio*, também cônsul, foi o vencedor dos persas em Pidna e um dos chefes do partido aristocrático em Roma.
55. Sobrenome do segundo Cipião, o Africano.
56. Político romano que foi triúnviro com Pompeu e César.
57. Político romano.
58. Cônsul romano.

diálogos proveitosos ao Estado, supliquemos, pois, a Cipião que nos exponha qual é, a seu ver, a melhor forma de governo; examinaremos, depois, outras questões que, uma vez resolvidas, nos terão de levar à que nos oferece hoje o estado de Roma, dando-nos, ademais, a possibilidade de uma solução favorável.

XXI

Filão, Manílio e Múcio aprovaram a ideia. [***]*

— Insisti nisso – disse Lélio – porque me pareceu justo que o primeiro cidadão de Roma falasse antes de outrem a respeito de uma questão política, e também porque me lembro de que costumavas discutir com Panécio e na presença de Políbio[59], ambos gregos muito versados na política, e que demonstravas, com grande número de detalhes e raciocínios, a excelência da constituição de nossos antepassados. Preparado, como estás, no assunto, far-nos-á grande mercê desenvolvendo e expondo teu pensamento a respeito da República.

XXII

Então, Cipião respondeu: — Nunca um assunto de meditação, Lélio, me absorveu tanto o entendimento como o que neste instante me propões. Com efeito, em cada profissão, o operário que se esforça por distinguir-se procura, trabalha, sonha conquistar a superioridade; como poderei eu, que recebi de meus antepassados e de meu pai a missão única de servir e de defender o Estado, colocar-me abaixo do nível do último operário, prestando à arte, primeira entre todas, menos cuidados do que os que ele presta ao ofício mais ínfimo? Mas se as doutrinas políticas dos mais esclarecidos escritores gregos não me satisfazem completamente, tampouco me atrevo a ter preferência pelas minhas próprias ideias. Suplico-vos, portanto, que não me escuteis como a um ignorante, completamente estranho às teorias gregas, nem tampouco como a um homem inteiramente disposto a dar-lhes a preferência; sou romano antes de mais nada, educado pelos cuidados de meu pai no gosto dos

---

*. Lapso do original: perderam-se cerca de duas páginas do manuscrito. (N.E.)
59. Célebre historiador grego, mestre de Cipião, o Africano.

estudos liberais, estimulado desde pequeno pelo desejo de aprender, mas formado muito mais pela experiência e pelas lições domésticas do que pelos livros.

XXIII

— Por minha parte, Cipião – exclamou Filão –, a ninguém conheço que te iguale em talento; e, quanto à experiência das maiores matérias políticas, tu nos ultrapassas facilmente a todos. Conhecemos teu entusiasmo pelo estudo, e, posto que meditaste também, como dizes, a respeito das especulações da arte de governar, fico reconhecido a Lélio, pois confio em que tuas ideias, nesse ponto excederão a tudo o que os gregos nos deixaram.

Cipião respondeu: — A importância que, de antemão, atribuis ao meu discurso aumenta a dificuldade do assunto de que devo tratar.

Filão respondeu: — Como de costume, sobrepujarás nossas esperanças; não é de temer, Cipião, que, ao falar da República, te faltem as palavras.

XXIV

Cipião disse: — Farei o possível para agradar-te, e começarei a discussão observando uma regra necessária em toda disputa se se quer afastar o erro, que é a de ficar de acordo quanto à denominação do assunto discutido e explicar claramente o que significa. O sentido particular deve estabelecer-se bem antes de abordar a questão geral, porque nunca se poderão compreender as qualidades do assunto que se discute se não se tem o mesmo na inteligência. Assim, posto que nossa indagação há de versar sobre a República, vejamos primeiramente o que é aquilo que procuramos. Como Lélio aprovasse, Cipião continuou: – Não remontarei, entretanto, em uma tese tão clara e tão conhecida, até as primeiras origens, como em tais coisas costumam fazer nossos homens doutos, examinando fatos desde a primeira união do homem e da mulher, para passar depois à primeira progênie e cognação, analisando cada palavra em suas concepções e cada coisa nas suas modalidades. Falo a prudentes varões versados nas coisas da República, que participaram, na guerra, das glórias de uma nação poderosa, e assim não procurarei tornar menos claras minhas explicações do que o meu assunto; ademais, não me encarreguei, como um mestre, de seguir a questão em todos os seus desenvolvimentos, e não posso prometer que não esquecerei algum detalhe.

Lélio, então: — Eis precisamente a dissertação que de ti espero – disse.

XXV

— É, pois – prosseguiu o Africano –, a República coisa do povo, considerando tal, não todos os homens de qualquer modo congregados, mas a reunião que tem seu fundamento no consentimento jurídico e na utilidade comum. Pois bem: a primeira causa dessa agregação de uns homens a outros é menos a sua debilidade do que um certo instinto de sociabilidade em todos inato; a espécie humana não nasceu para o isolamento e para a vida errante, mas com uma disposição que, mesmo na abundância de todos os bens, a leva a procurar o apoio comum. [∗∗∗]*

XXVI

Assim, não deve o homem atribuir-se, como virtude, sua sociabilidade, que é nele intuitiva. Formadas assim naturalmente, essas associações, como expus, estabeleceram domicílio, antes de mais nada, em um lugar determinado; depois esse domicílio comum, conjunto de templos, praças e vivendas, fortificado, já pela sua situação natural, já pelos homens, tomou o nome de cidade ou fortaleza. Todo povo, isto é, toda sociedade fundada com as condições por mim expostas; toda cidade, ou, o que é o mesmo, toda constituição particular de um povo, toda coisa pública, e por isso entendo toda coisa do povo, necessita, para ser duradoura, ser regida por uma autoridade inteligente que sempre se apoie sobre o princípio que presidiu à formação do Estado. Pois bem: esse governo pode atribuir-se a um só homem ou a alguns cidadãos escolhidos pelo povo inteiro. Quando a autoridade está em mãos de um só, chamamos a esse homem *rei* e ao poder, *monarquia*; uma vez confiada a supremacia a alguns cidadãos escolhidos, a constituição se torna aristocrática; enfim, a sabedoria popular, conforme a expressão consagrada, é aquela em que todas as coisas residem no povo. Cada um desses três tipos de governo, se

---

*.   Lapso do original: perderam-se cerca de duas páginas do manuscrito. (N.E.)

conservar aquele vínculo que uniu primitivamente os homens em sociedade, pode ser, não digo perfeito ou excelente, mas razoável; e qualquer um deles pode ser preferido a outro. De fato, um rei justo e sábio, um número eleito de cidadãos distintos, o próprio povo, embora tal suposição seja menos favorável, pode, se a injustiça e as paixões não o estorvam, formar um governo em condições de estabilidade.

XXVII

Mas, na monarquia, a generalidade dos cidadãos toma pouca parte no direito comum e nos negócios públicos; sob a dominação aristocrática, a multidão goza de muito pouca liberdade, pois está privada de participar nas deliberações e no poder; por último, quando o povo assume todo o poder, mesmo supondo-o sábio e moderado, a própria igualdade se torna injusta desigualdade, porque não há gradação que distinga o verdadeiro mérito. Por mais que Ciro, o Persa[60], tenha sido o melhor e o mais virtuoso dos reis, não me parece o ideal do governo, porque tal é a minha opinião acerca da coisa pública quando a rege um só homem. Da mesma forma, embora nossos clientes marselheses estejam governados com a maior justiça por alguns cidadãos eleitos, há, no entanto, em sua condição algo parecido com a servilidade. Quando os atenienses, em determinadas épocas, suprimiram o Areópago[61], para só reconhecerem os atos e decretos do povo, não oferecendo a sua República ao mérito da distinção da linhagem e das honras, não tardou que chegassem à sua maior decadência.

XXVIII

Falo assim dessas três formas de governo, não as considerando desordenadas e em confusão, mas na sua normalidade; e, no entanto, cada uma tem todos os defeitos que indiquei e outros muitos, pois todas arrastam a funestos precipícios. Depois de um rei tolerável, e mesmo digno de amor,

---

60. Fundador do império persa, notável por sua bravura e magnanimidade.
61. Tribunal supremo de Atenas, composto de trinta e um membros, encarregado de julgar as causas criminais mais importantes.

como foi Ciro, por exemplo, aparece, como para legitimar seus escrúpulos, o tirano Faláride,[62] tipo odioso, ao qual os reis se podem assemelhar com demasiada facilidade; ao lado da sábia aristocracia de Marselha, aparece a opressão oligárquica, a fração dos Trinta,[63] em Atenas; enfim, sem procurar novos exemplos, a democracia absoluta dos atenienses não viu uma multidão ébria de licença e furor causar a ruína desse povo? [***]*

XXIX

[***] Quase sempre o pior governo resulta de uma confusão da aristocracia, da tirania facciosa do poder real e do popular, que às vezes faz sair desses elementos um Estado de espécie nova; é assim que os Estados realizam, no meio de reiteradas vicissitudes, suas maravilhosas transformações. O sábio tem a obrigação de estudar essas revoluções periódicas e de moderar com previsão e destreza o curso dos acontecimentos; é essa a missão de um grande cidadão inspirado pelos deuses. Por minha parte; creio que a melhor forma política é uma quarta constituição formada da mescla e reunião das três primeiras.

XXX

Aqui, Lélio: — Sei que isso te agrada, Africano – disse –; eu te ouvi dizer isso com frequência; mas, antes de tudo, Cipião, se não te contrario, desejo saber qual dessas três formas de governo te parece preferível. Isso não deixará de ser conveniente ao assunto. [***]**

XXXI

[***] — Cada forma de governo – continuou Cipião – recebe seu verdadeiro valor da natureza ou da vontade do poder que a dirige. A liberdade, por exemplo, só pode existir verdadeiramente onde o povo exerce a sobe-

---

62. Tirano de Agrigento, famoso por sua extrema crueldade.
63. Os Trinta Tiranos formaram o conselho oligárquico que os espartanos impuseram aos atenienses depois da vitória de Lisandro.
*. Lapso do original: perderam-se cerca de duas páginas do manuscrito. (N.E.)
**. *Idem*. (N.E.)

rania; não pode existir essa liberdade, que é de todos os bens o mais doce, quando não é igual para todos. Como revestirá esse caráter augusto, não já em uma monarquia, em que a escravidão não é equívoca nem duvidosa, mas nos próprios Estados em que todos os cidadãos se chamam livres, porque têm o direito de sufrágio, delegam o comando e se veem solicitados para a obtenção das magistraturas? O que se lhes dá dever-se-ia dar sempre. Como obter jamais, para si mesmos, essas distinções de que dispõem? Porque estão excluídos do comando, do conselho público, das preeminências dos juízes e tribunais açambarcados pelas famílias antigas ou poderosas. Mas, nos povos livres, como em Roma ou Atenas, não há cidadão que não possa aspirar a [***]*

XXXII

[***] Quando, em uma cidade, dizem alguns filósofos, um ou muitos ambiciosos podem elevar-se, mediante a riqueza ou o poderio, nascem os privilégios de seu orgulho despótico, e seu jugo arrogante se impõe à multidão covarde e débil. Mas quando o povo sabe, ao contrário, manter suas prerrogativas, não é possível a esses encontrar mais glória, prosperidade e liberdade, porque então o povo permanece árbitro das leis, dos juízes, da paz, da guerra, dos tratados, da vida e da fortuna de todos e de cada um; então, e só então, é a coisa pública coisa do povo. Dizem, também, que com frequência se viu suceder à monarquia, à aristocracia, o governo popular, ao passo que nunca uma nação livre pediu reis nem patronatos de aristocratas.

E negam verdadeiramente que convenha repudiar totalmente a liberdade do povo ante o espetáculo daqueles mesmos que levam ao excesso sua indisciplina. Quando reina a concórdia, nada existe mais forte, nada mais duradouro do que o regime democrático, em que cada um se sacrifica pelo bem geral e pela liberdade comum. Pois bem: a concórdia é fácil e possível quando todos os cidadãos colimam um fim único; as dissensões nascem da diferença e da rivalidade de interesses; assim, o governo aristocrático nunca terá nada estável, e menos ainda a monarquia,

---

*. Lapso do original: perderam-se cerca de duas páginas do manuscrito. (N.E.)

que fez Ênio dizer: "— Não há sociedade nem fé para o reinado.". Sendo a lei o laço de toda sociedade civil, e proclamando seu princípio a comum igualdade, sobre que base assenta uma associação de cidadãos cujos direitos não são os mesmos para todos? Se não se admite a igualdade da fortuna, se a igualdade da inteligência é um mito, a igualdade dos direitos parece ao menos obrigatória entre os membros de uma mesma república. Que é, pois, o Estado, senão uma sociedade para o direito? [***]*

XXXIII

Quanto às demais formas de governo, os filósofos não lhes conservam as denominações que elas mesmas pretendem atribuir-se. Por que saudar, dizem, com o título de *rei,* reservado a Júpiter Ótimo[64], um homem ávido de poder, dominador, egoísta, de poderio tanto maior quanto maiores a humilhação e o envilecimento de seu povo? Mais do que rei, esse homem é um tirano, porque a clemência não é tão fácil a um tirano quanto a crueldade a um rei. Toda a questão se resume, para o povo, em servir a um senhor humano ou implacável; o que não pode acontecer é que deixe de obedecer. Como é que a Lacedemônia, mesmo na época em que sua constituição política passava por mais esplendorosa, podia esperar príncipes clementes e justos quando aceitava para rei quem quer que fosse de régia estirpe? À aristocracia, por outra parte, não é mais tolerável, acrescentam, porque essa classificação de aristocratas, que certas famílias ricas se arrogam, faz-se sem o consentimento do povo. Quem lhes deu suas prerrogativas? Não será a superioridade de seus talentos, de seu saber, nem de suas virtudes. Ouço quando [***]**

XXXIV

[***] O Estado que escolhe ao acaso seus guias é como o barco cujo leme se entrega àquele dentre os passageiros que a sorte designa, cuja perda

---

*. Lapso do original: perderam-se cerca de duas páginas do manuscrito. (N.E.)
64. Júpiter, pai e soberano dos deuses na religião dos romanos e dos gregos, era chamado segundo os seus diversos atributos: *Júpiter Ótimo, Júpiter Tonante, Júpiter Máximo* etc.
**. Lapso do original: perderam-se cerca de quatro páginas do manuscrito. (N.E.)

não se faz esperar. Todo povo livre escolhe seus magistrados e, se é cuidadoso de sua sorte futura, elege-os dentre os melhores cidadãos; porque da sabedoria dos chefes depende a salvação dos povos; a tal extremo que parece até que a própria natureza deu à virtude e ao gênio império absoluto sobre a debilidade e a ignorância da plebe, que só submissa deseja obedecer. Mas pretende-se que essa forma excelente de governo é desacreditada pelos falsos juízos do vulgo, que, não sabendo discernir o verdadeiro mérito, que é tão difícil, talvez, de discernir quanto de possuir, imagina que os melhores homens são os mais poderosos, os mais ricos ou de mais ilustre nascimento. Uma vez que esse erro do povo tenha dado ao poderio as preeminências da virtude, os falsos "aristocratas" procuram obstinadamente reservar para si qualificativo, que de maneira nenhuma lhes cabe; porque as riquezas, o nome ilustre, o poderio, sem a sabedoria que ensina os homens a se governar e dirigir os outros, nada mais são do que uma vergonhosa e insolente vaidade; não há no mundo espetáculo mais triste do que uma sociedade na qual o valor dos homens é medido pelas riquezas que possuem. Ao contrário, que pode haver de mais belo e preclaro do que a virtude governando a República? Que é mais admirável do que esse governo, quando o que manda não é escravo de paixão alguma e dá o exemplo de tudo o que ensina e preconiza, não impondo ao vulgo leis que é o primeiro a não respeitar, mas oferecendo, como lei viva, a própria existência aos seus compatriotas? Se fosse bastante um homem só para tudo, seria desnecessário o concurso de outros; assim como, se um povo inteiro pudesse vê-lo e ouvi-lo, disposto à obediência, não pensaria em escolher governantes. As dificuldades de uma sábia determinação fazem passar o poder das mãos dos reis para as da aristocracia, da mesma forma por que a ignorância e a cegueira dos povos transmitem a preponderância da multidão à de um pequeno número. Desse modo, entre a impotência de um só e o desenfreamento da plebe, a aristocracia ocupou uma situação intermédia que, conciliando todos os interesses, assegura o bem-estar do povo; e, enquanto vigia o Estado, os povos gozam necessariamente de tranquilidade, confiando-se às mãos de homens que não se exporiam a ouvir a acusação de descuidar um mandato de tal natureza. Quanto à igualdade de direito ou da democracia, é uma quimera impossível, e os povos mais inimigos de toda dominação e todo jugo conferiram os poderes mais amplos a alguns de seus eleitos, fixando-se com cuidado na importância das classes e no mérito dos homens. Chegar, em nome da igualdade, à desigualdade mais injusta, colocar no mesmo nível o gênio e a multidão que compõem um povo, é suma iniquidade a que nunca chegará um povo em que governem os melhores, isto é, em uma aristocracia. Eis aí, Lélio, pouco mais ou menos, a argumentação dos dois partidários dessa forma política.

XXXV

Lélio: — Mas, Cipião, dessas três formas de governo, qual julgas preferível?

Cipião: — Com razão me perguntas qual das três é preferível, porque nenhuma isoladamente aprovo, preferindo um governo que participe de todas. Se devesse fazer uma escolha pura e simples, meus primeiros elogios seriam para a monarquia, desde que o título de *pai* fosse sempre inseparável do de *rei*, para expressar que o príncipe vela sobre seus concidadãos como sobre seus filhos, mais cuidadoso de sua felicidade do que da própria dominação, dispensando uma proteção aos pequenos e fracos, graças ao zelo desse homem esclarecido, bom e poderoso. Vêm, depois, os partidários da oligarquia, pretendendo fazer o mesmo e fazê-lo melhor; dizem que há mais luzes em muitos do que em um só, e prometem, por outra parte, a mesma boa-fé e a mesma equidade; e, por último, eis o povo, que, em voz alta, declara que não quer obedecer nem a um nem a muitos, que até os próprios animais amam a liberdade como o mais doce dos bens, e que se carece dela, quer se sirva a um rei, quer aos nobres. Para resumir: a monarquia nos solicita pela afeição; a aristocracia, pela sabedoria; o governo popular, pela liberdade, e, nessas condições, a escolha se torna muito difícil.

Lélio: — Acredito-o; mas, se não resolvermos esse ponto será impossível passar adiante.

XXXVI

Cipião: — Imitemos, pois, Arato, que, ao tratar de grandes coisas, julgou necessário começar por Júpiter.

Lélio: — Por que por Júpiter? Que relação pode haver entre os versos do poeta e essa discussão?

Cipião: — Tanta, que nada encontro mais justo do que nomear, acima de tudo, aquele que os sábios e os ignorantes proclamam, de comum acordo, senhor dos deuses e dos homens.

Lélio: — Como?

Cipião: — É conveniente. O princípio de que existe no céu um só rei soberano e pai de todas as coisas, que faz com um gesto tremer o Olimpo[65], conforme a frase de Homero[66], esse princípio essencial foi estabelecido pelos primeiros fundadores dos impérios, e, por conseguinte, é essa uma imponente autoridade e numerosos, ou antes universais os testemunhos que nos asseguram que as nações reconhecem unanimemente, pelos decretos dos príncipes, a excelência da monarquia, posto que se formaram na ideia de que todos os deuses são governados por um só. Se essa crença, pelo contrário, não é mais do que uma fábula feita para os espíritos grosseiros, ouçamos os mestres comuns de todos os gênios esclarecidos, aqueles que viram claramente, com os olhos, o que nós, escutando-o, apenas conhecemos.

Lélio: — Quem são eles?

Cipião: — Os mestres que, graças ao estudo minucioso da natureza, chegaram a demonstrar que o mundo inteiro é dirigido por uma alma [∗∗∗][∗].

XXXVII

Mas, se quiseres, citar-te-ei autoridades que não sejam bárbaras nem antigas.

Lélio: — Quero.

Cipião: — Observa, acima de tudo, que faz apenas quatrocentos anos que não temos reis.

Lélio: — Com efeito.

Cipião: — Uma sucessão de quatro séculos na existência de um povo pode considerar-se um longo período?

---

65. Montanha entre a Tessália e a Macedônia onde, segundo a mitologia, residiam os deuses.
66. Célebre poeta grego, autor da *Ilíada* e da *Odisseia*.
 ∗. Lapso do original: perderam-se cerca de quatro páginas do manuscrito. (N.E.)

Lélio: — É apenas sua idade viril.
Cipião: — Assim, há quatrocentos anos, havia um rei em Roma.
Lélio: — Um rei soberbo.
Cipião: — E antes dele?
Lélio: — Um rei muito justo: e assim sucessivamente, remontando até Rômulo, que reinou há seiscentos anos.
Cipião: — De modo que nem ele mesmo é muito antigo.
Lélio: — De modo algum, visto que data da época da decadência da Grécia.
Cipião: — Mas, dize-me, Rômulo foi rei de um povo bárbaro?
Lélio: — Se dividirmos os homens, como os gregos, em gregos ou bárbaros, receio que tenha sido um rei de bárbaros; mas, aplicando o termo aos costumes e não à linguagem, não julgo menos bárbaros os gregos do que os romanos.
Cipião: — Aqui, além do mais, pouco importa o povo, mas o grau de cultura, e, posto que homens sábios de uma época pouco remota quiseram reis, encontramos já testemunhos que não podemos tachar de antigos nem de inumanos.

XXXVIII

Lélio: — Vejo, Cipião, que não te faltam autoridades irrecusáveis; mas, como todo bom juiz, prefiro as provas às testemunhas.
Cipião: — Desde logo, Lélio, podes empregar um exemplo tomado de tua própria experiência.
Lélio: — Que queres dizer?
Cipião: — Não te acontece, às vezes, zangar-te com alguém?
Lélio: — Sucede-me com mais frequência do que eu desejaria.
Cipião: — E, quando estás irritado, deixas à cólera a soberania de tua alma?
Lélio: — Não, por certo; ao contrário, sigo o exemplo de Arquitas de Tarento, que, tendo chegado à sua casa de campo e encontrado tudo diferente do que ordenara que estivesse, disse ao seu administrador: "— Desgraçado, eu te mataria a pauladas se a cólera me dominasse!".

Cipião: — Muito bem. Arquitas considerava a cólera como uma desordem sediciosa da alma e queria acalmá-la com a reflexão. Une a isso a avareza, a paixão das honras e da glória; une as paixões voluptuosas, e verás que se forma no espírito humano uma espécie de soberania, que domina todas essas desordens com um único princípio, a reflexão, a parte mais excelente da alma, cujo império não dá lugar à cólera, aos exageros nem à voluptuosidade.

Lélio: — Por completo.

Cipião: — Lamentarás, portanto, que os maus desejos e as odiosas paixões, sufocando a razão, apoderem-se por completo do homem?

Lélio: — Nada concebo mais miserável do que a degradação da inteligência humana.

Cipião: — Pretendes, pois, que todas as partes da alma devam estar sujeitas a uma só autoridade, que deve ser a reflexão?

Lélio: — Meu desejo é esse.

Cipião: — Como, então, vacilas na escolha de uma forma de governo, quando vês que, se a autoridade se divide, não há verdadeira soberania, a qual, para existir, necessita de unidade?

XXXIX

Lélio: — Que importa a unidade ou a pluralidade, se nesta se encontra igualmente a justiça?

Cipião: — Vejo, Lélio, que as minhas testemunhas não têm para ti autoridade suficiente, e vou fazer que aumentes tu mesmo o seu número.

Lélio: — Como?

Cipião: — Eu mesmo te ouvi ordenar a teus escravos, por ocasião de nossa última viagem a Fórmias[67], que não atendessem a ordens que não emanassem de uma só pessoa.

Lélio: — É certo, de meu rendeiro.

Cipião: — E em Roma, teus negócios estão em mãos de muitos?

Lélio: — De modo algum.

Cipião: — Por que, então, não concedes que, na ordem política, o poder de um só é o melhor, sempre que se inspire na justiça?

Lélio: — Inclino-me a isso, e quase sou de tua opinião.

---

67. Antiga cidade marítima da Itália, onde Cícero possuía uma quinta.

XL

Cipião: — Sê-lo-ás totalmente, Lélio, quando eu, prescindindo das comparações do médico e do piloto, isto é, se vale mais confiar a um só, de preferência a muitos, o leme de uma nave ou a saúde de um enfermo, expuser considerações mais profundas.

Lélio: — Quais?

Cipião: — Não ignoras que a arrogância e crueldade de Tarquínio[68] tornaram o título de rei odioso aos romanos.

Lélio: — Sim, por certo.

Cipião: — Por conseguinte, sabes também o que, no discurso de minha peroração, pensava dizer-te; isto é, que um excesso de nova liberdade arrebatou o povo delirante quando Tarquínio foi expulso; desterro para os inocentes, roubo dos bens alheios, consulados ânuos, humilhação de seus símbolos ante a plebe, direito universal de apelação, retirada dos plebeus, tudo isso sobreveio, com muitos outros acontecimentos que tendiam a dar ao povo todos os poderes.

Lélio: — Foi tal como dizes.

Cipião: — É certo que se desfrutou, então, ócio e paz, e que se pode tolerar alguma licença enquanto nada haja que temer, como em uma indisposição insignificante ou em uma travessia pacífica; mas, se o mar começa a alvoroçar-se ou a enfermidade sofre agravação, logo o viajante ou enfermo implora o auxílio do único homem que o pode salvar. Do mesmo modo, o nosso povo, em paz e nos seus lares, quer mandar ameaçando, recusando, denunciando, afastando os seus magistrados; mas, sobrevindo a guerra, obedece a um rei, e toda paixão tumultuosa sacrifica-se e perece em arras da salvação da pátria. Nossos pais já o fizeram; nas principais expedições, quiseram um só chefe cujo título expressasse a extensão de seu poder: era o *ditador,* assim chamado porque escolhido pelo dito de um cônsul, e vês que em nossos livros tem o nome de *mestre do povo.*

Lélio: — Bem o sei.

Cipião: — Nossos antepassados, portanto, agiram com notável sabedoria [***]*

---

68. Tarquínio Sexto, cujo ultraje a Lucrécia foi causa da queda da realeza em Roma.

*. Lapso do original: perderam-se cerca de duas páginas do manuscrito. (N.E.)

XLI

Quando o povo perde um rei justo, explode a dor que, conforme Ênio, consternou Roma inteira depois da morte do melhor dos príncipes:

> Lembrança eterna dele tem intacta
> E, no céu pondo a vista, chora e diz:
> Oh, Rômulo divino! Que fiel
> Guarda da pátria em ti reconheciam!
> Oh, pai! Oh, rei! Dos deus tens a estirpe!

Não davam os nossos antecessores o título de senhor e dono ao chefe cujas justas leis observavam; não lhe davam tampouco o título de rei, mas o chamavam de protetor da cidade, pai e mesmo deus. Assim, não se enganavam ao dizer:

> Tu nos deste, só tu, a luz e a vida.

Consideravam que a existência, a glória, a honra, procediam da justiça do rei, e a posteridade teria pensado o mesmo se os soberanos tivessem conservado idênticas virtudes; mas a injustiça de um só basta, como vês, para destruir para sempre essa forma de governo.

Lélio: — Sem dúvida, e até anseio estudar essas mudanças que se observam em nossa história e nas outras Repúblicas.

XLII

Cipião: — Uma vez desenvolvida e exposta minha opinião a respeito da forma de governo que julgo preferível, ser-me-á preciso falar, com alguma circunspecção, dessas grandes comoções públicas, se bem que seja este o perigo mais remoto no governo que me agrada. É, no que respeita à monarquia, seu principal escolho e a hipótese mais segura de sua ruína: desde o momento em que o rei comete a primeira injustiça, essa forma perece convertendo-se em despotismo, o mais vicioso de todos os sistemas e, não obstante, o mais próximo do melhor. Se sucumbe um tirano sob os esforços dos grandes, toma então o Estado a segunda das formas explicadas, e se estabelece uma espécie de autoridade real, ou, antes, paternal, composta dos principais cidadãos que velam com zelo pelo bem comum. Se o povo, por si mesmo, expulsa ou mata o tirano, demonstra um pouco de moderação enquanto conserva o juízo sereno e, satisfeito de sua obra, deseja conservar a ordem política que ele mesmo acaba de estabelecer. Mas, se, por desgraça, o povo feriu um rei justo ou o despojou do trono ou, o que é mais frequente, fez derramar o sangue dos nobres e submeteu todo o Estado ao seu furor, sabe que não há incêndios nem tempestades mais difíceis de apaziguar do que a insolência e o furor dessa desenfreada multidão.

XLIII

Verifica-se, nesse caso, o que Platão descreve com tanta eloquência e que eu vou tentar traduzir, se minhas forças puderem realizar tamanha empresa: "— Quando o povo, devorado por uma sede insaciável de independência, longe de beber com medida, embriaga-se com o licor funesto que lhe prodigalizam imprudentes aduladores, então persegue, acusa, incrimina de dominadores, reis e tiranos aos magistrados e chefes que, dóceis e complacentes, não lhe escanceiam em caudais a liberdade.". Conheces essa passagem?

Lélio: — É-me bastante conhecida.

Cipião: — Sigamos, pois: "— Obedecer, então, a uma autoridade é excitar ainda mais a cólera do povo, que chama os que assim procedem de escravos voluntários; os magistrados, ao contrário, que fingem descer ao nível dos simples cidadãos, e estes que se esforçam para suprimir toda diferença entre eles e os magistrados, veem-se cumulados de honras e de elogios. Em uma República assim governada, a liberdade transforma-se em licença, a própria família fica, no seu interior, desprovida de autoridade, estendendo-se esse contágio aos próprios animais. O pai despreza o filho, e este deixa de honrar o pai. Perece o pudor em nome da liberdade geral; nada separa o cidadão do estrangeiro; o mestre, tremendo ante seus discípulos, adula-os, ao passo que eles o menosprezam; os jovens pretendem exercer as prerrogativas dos velhos, que, por sua parte, descem à loucuras da juventude para não parecerem odiosos e extravagantes. Os próprios escravos participam dessa libertinagem; reclamam as mulheres idênticos direitos aos de seus cônjuges; em suma, os próprios animais, os cães, os cavalos, os asnos, correm livremente, mas tão livremente que atropelam e envolvem quantos se opõem à sua passagem desenfreada.". Ao chegar aqui, Platão exclama: "— Aonde conduz esse extremo de licença? Ao triste resultado de tornar os cidadãos tão delicados e sombrios, que a menor aparência de autoridade os irrita e exaspera a tal ponto que sonham com romper as leis que desprezam, para se encontrarem livres de qualquer jogo.".

XLIV

Lélio: — Traduziste fielmente o que foi dito por ele.

Cipião: — Volto, agora, ao meu discurso. Dessa extrema licença, que só para eles era liberdade, embora falsa, Platão faz nascer a tirania, como de um tronco funesto. Assim como o poder ilimitado dos grandes leva à queda da aristocracia, a liberdade leva o povo demasiado livre à escravidão. Os extremos se tocam na própria natureza: na temperatura, na vegetação, no corpo humano, e, sobretudo, na forma de governo. Essa excessiva liberdade logo se transforma em dura escravidão para os povos e para os indivíduos. Assim, da excessiva liberdade surge o tirano e a mais injusta e dura servilidade. Com efeito, esse povo indômito e desenfreado escolhe logo, por ódio aos grandes, já abatidos e degradados, um chefe audaz, impuro, perseguidor insolente dos cidadãos que mais mérito possuem para com a pátria, pródigo com os bens próprios e alheios; depois, como não há, para ele, segurança na vida pública nem privada, é cercado de soldados, confere-se-lhe o poder, e acaba por ser, como Pisítrato[69] de Atenas, tirano daqueles mesmos que o elevaram. Se acaba por perecer em mãos dos bons cidadãos, o que acontece com frequência, o Estado renasce; se os conspiradores são ambiciosos, uma facção, isto é, uma nova tirania se eleva, e se vê a revolução sucedendo, outras vezes, a esse bom sistema aristocrático, quando por desdita os chefes se separam do caminho reto. O poder é convertido, então, em uma bola que vai de um lado para outro, passando das mãos do rei às do

---

69. Tirano de Atenas contemporâneo de Sólon.

tirano, das dos aristocratas às do povo, sem que a constituição política seja nunca estável.

XLV

Desses três sistemas primitivos, creio que o melhor é, sem disputa, a monarquia; mas ela mesma é sempre inferior à forma política que resultaria da combinação das três. Com efeito, prefiro, no Estado, um poder eminente e real, que dê algo à influência dos grandes e algo também à vontade da multidão. É essa uma constituição que apresenta, antes de mais nada, um grande caráter de igualdade, necessário aos povos livres e, bem assim, condições de estabilidade e firmeza. Os primeiros elementos, de que falei antes, alteram-se facilmente e caem no exagero do extremo oposto. Assim, ao rei sucede o tirano; aos aristocratas, a oligarquia facciosa; ao povo, a turba anárquica, substituindo-se desse modo umas perturbações a outras. Ao contrário, nessa combinação de um governo em que se amalgamam os outros três, não acontece facilmente semelhante coisa sem que os chefes do Estado se deixem arrastar pelo vício; porque não pode haver pretexto de revolução em um Estado que, conforme cada um com os seus direitos, não vê sob seus pés aberto o abismo.

XLVI

Mas, receio, Lélio, e vós queridos e prudentes amigos, que meu discurso, prolongando-se, se assemelhe mais a uma dissertação de um mestre do que a um diálogo entre amigos que buscam a verdade. Passemos, pois, a coisas de todos conhecidas, estudadas por mim mesmo há muito tempo, e que me obrigam a pensar, crer e afirmar que, de todos os governos, nenhum, por sua constituição, por sua organização detalhada, pela garantia dos costumes públicos, pode comparar-se com o que nossas pais receberam dos seus em herança e nos transmitiram; e, já que quereis que eu repita o que de outras vezes ouvistes de mim, mostrar-vos-ei qual é esse governo e provarei que é o melhor de todos; tomando-se nossa República por modelo, tentarei recordar quanto disse a tal propósito. Procurarei, assim, desempenhar e terminar a empresa que Lélio me confiou.

XLVII

Lélio: — Dizes bem tua empresa, porque é tua de fato. Que outro, senão tu, pode falar melhor, quer das instituições de nossos pais, tu, filho de tão gloriosos antepassados, quer da melhor forma política, tu, que, se a tivéssemos conquistado, que por desgraça estamos longe disso, terias nela o primeiro lugar, quer, enfim, do interesse dos nossos descendentes, tu, ó Cipião, que, libertando Roma de seus dois terrores, asseguraste seu porvir para sempre?

[***]*

---

*. Provável lapso do original. (N.E.)

LIVRO SEGUNDO

I

Como Cipião visse todos ansiosos por ouvi-lo, tornou a tomar a palavra desta forma: — Começarei por um pensamento do velho Catão, a quem muito amei e admiro singularmente, e ao qual, quer pela opinião de meus parentes, quer por minha própria espontaneidade, me consagrei desde minha adolescência, sem que seus discursos tenham chegado a enfastiar-me, tanta era a experiência dos negócios públicos que encontrava nele, negócios que dirigiu por longo tempo maravilhosamente, tanto na paz como na guerra; canta sua modéstia e comedimento de linguagem, digna ao mesmo tempo que agradável; tanto o desejo que tinha de se instruir e de tornar aos outros partícipes de sua ciência; tal, enfim, sua existência, toda conforme às máximas e discursos que saíam de seus lábios. Costumava dizer que nossa superioridade política tinha como causa o fato de que os outros Estados nunca tiveram, senão isolados, seus grandes homens, que davam leis à sua pátria de acordo com seus princípios particulares; Minos[70] em Creta, Licurgo[71] na Lacedemônia e, em Atenas, teatro de tantas revoluções, Teseu[72], Drácon[73], Sólon[74], Clístenes[75] e tantos outros, até que para reanimar seu desalento e debilidade achou Demétrio[76], o douto varão de Falero[77]; nossa República, pelo contrário, gloriosa de uma longa sucessão de cidadãos ilustres, teve para assegurar e afiançar seu poderio não a vida de um só legislador, mas muitas gerações e séculos de sucessão constante. Nunca, acrescentava, se encontrou espírito tão vasto que tenha abarcado o todo, e a reunião dos mais brilhantes gênios seria insuficiente

---

70. Rei de Creta e sábio legislador.
71. Personagem de existência problemática. Licurgo é dado, pela tradição, como o legislador da Lacedemônia, também chamada Esparta.
72. Os historiadores gregos atribuem a Teseu a organização da Ática e a legislação primitiva de Atenas.
73. Legislador de Atenas cujas leis eram tão severas que se dizia terem sido escritas com sangue. Daí o adjetivo *draconiano*, que se aplica a toda lei ou medida contra as liberdades públicas.
74. Sólon celebrizou-se como legislador de Atenas. Foi um dos sete sábios da Grécia.
75. Avô de Péricles, que instituiu em Atenas o governo democrático e a lei do ostracismo.
76. Orador, estadista e historiador grego que governou Atenas em nome do macedônio Cassandro.
77. Porto de aldeia da Ática.

para abraçar tudo com um só olhar, sem o auxílio da experiência e do tempo. Assim, seguindo o costume de Catão, remontarei até a origem de Roma, servindo-me com prazer de suas próprias frases; meu objeto será, por outra parte, mais exequível mostrando-vos o nascimento de Roma, sua adolescência, sua juventude, sua vigorosa madureza, do que criando, como Sócrates, uma República imaginária, conforme as obras de Platão.

II

Como todos aprovassem, prosseguiu: — Que República – continuou – terá uma origem tão esclarecida, tão sabida de todos como esta cidade, que deve sua fundação a Rômulo, filho de Marte? Porque não podemos repelir a antiga tradição que nos legaram nossos maiores, que assegura que todo benfeitor de um povo tem algo de divino pelo seu engenho e pelo seu berço. Apenas Rômulo vira os primeiros raios do sol, quando foi exposto às ondas do Tibre[78], em companhia de seu irmão Remo[79], por ordem de Amúlio[80], rei dos albanos, temeroso de que algum dia essas crianças fossem funestas ao seu poder. O menino, alimentado com o leite de um animal selvagem, foi depois recolhido por uns pastores, que o educaram na rusticidade e nos trabalhos do campo; e cresceu tanto em vigor corporal e presença de espírito que os seus companheiros, nos campos em que hoje Roma se levanta, rendendo homenagem à sua superioridade, submeteram-se logo aos seus mandados. Colocado à frente desses bandos, a fábula, deixando o posto à história, refere que surpreendeu Alba Longa[81], cidade então poderosa e rica, e deu morte ao rei Amúlio.

III

Adquirida essa glória, concebeu o projeto de fundar uma cidade e organizar um Estado. Com incrível acerto, escolheu o lugar em que a ci-

---

78. Rio da Itália que banha Roma e desemboca no mar Tirreno.
79. Irmão de Rômulo, primeiro rei de Roma, pelo qual foi morto.
80. Rei de Alba Longa.
81. A mais antiga cidade do Lácio, fundada por Eneias.

dade devia situar-se, ponto delicado quando se trata de uma cidade que quer assentar as bases de uma prosperidade futura; não a aproximou do mar, coisa fácil com as tropas e recursos de que dispunha, ora penetrando no território dos rútulos ou dos aborígenes, ora dirigindo-se para a embocadura do Tibre, onde depois fundou uma colônia o rei Anco[82]. Compreendeu com admirável prudência, aquele excelente varão, que os pontos próximos às costas não são os mais apropriados para fundar cidades que pretendem alcançar estabilidade e poderio, porque as cidades marítimas estão expostas, não só a frequentes perigos, mas a desditas e acontecimentos imprevistos. A terra firme denuncia, por meio de mil indícios, a marcha prevista, e até as surpresas do inimigo, que se descobre pelo ruído de seus passos; e não é atacada tão rapidamente como se pode supor, sabendo-se, por outra parte, quem é o agressor e de onde vem; por mar, pode desembarcar uma esquadra antes que se possa advertir a sua proximidade; sua marcha não denuncia nem sua personalidade, nem sua nação, nem seu objetivo; não se pode, enfim, distinguir com sinal algum se é ou não amiga.

IV

São também frequentes, nas cidades marítimas, a mudança e a corrupção dos costumes, pois os idiomas e comércios estranhos não importam unicamente mercadorias e palavras, mas também costumes, que tiram estabilidade às Instituições dessas cidades. Os próprios habitantes são pouco afeitos aos seus lares; suas esperanças e pensamentos os arrastam para longe, e, quando o corpo descansa, vaga errante o espírito. Não foi outra a principal causa da decadência de Cartago e de Corinto senão essa vida errante, essa dispersão dos cidadãos, aos quais a ânsia de navegar e de enriquecer fez abandonar o cultivo dos campos e o prazer das armas. A proximidade do mar, com suas importações ou suas vitórias, facilita ao vício dessas cidades todas as seduções funestas, e o encanto dos sítios marítimos parece convidar à preguiça e ao fausto e a todas as corrupções enervadoras do ócio. Quanto ao que eu disse de Corinto poderia sem dúvida aplicar-se a toda a Grécia, porque o

---

82. Anco Márcio, neto de Numa Pompílio, foi o quarto rei de Roma.

Peloponeso está quase completamente banhado pelo mar, exceto o território dos fliúncios, e, fora da península, só têm o mar ao longe os enianos, os dórios e os dolopeus. Que direi das ilhas gregas, de costumes mais agitados e instituições mais móveis que a fímbria de ondas que as rodeia? Tudo isso continua sendo da antiga Grécia. Quanto ao que a suas colônias, dispersas na Ásia, na Trácia, na Itália, na Sicília, na África, exceto Magnésia, qual delas não é banhada pelo mar? Até parece que as cidades gregas invadiram o território dos bárbaros porque, antes de seu estabelecimento, só dois povos haviam conhecido o mar: os etruscos e os cartagineses, aqueles, mercadores, estes, piratas. Essa, e não outra, foi a causa das calamidades e revoluções da Grécia, surgidas das cidades marítimas que enumerei; mas esses vícios apresentam, por sua vez, uma grande vantagem: a de que, de todos os pontos do mundo, trazem as ondas os produtos todos do universo, e, no refluxo, levam aos confins do mundo os produtos dos próprios campos.

V

Que pôde fazer Rômulo de mais maravilhoso do que aproveitar todas as vantagens do mar e evitar os seus inconvenientes? Construiu sua cidade nas margens de um rio cujas águas profundas se esparramam no mar por uma larga desembocadura, procurando assim uma comunicação fácil no curso do Tibre, não só para proporcionar ao novo povo tudo quanto necessitava como também para levar para longe o que tivesse de mais; uma nota natural para tirar do oceano todos os objetos necessários ou agradáveis à vista e fazê-los chegar às regiões mais afastadas. Na minha opinião, parecia então adivinhar que essa cidade viria a ser o centro, o coração de um poderoso império; porque, colocada em outro ponto qualquer da Itália, não poderia manter tão vasto domínio.

VI

Pelo que respeita às fortificações naturais de Roma, quem, por indiferente que seja, não conservou na imaginação um desenho dos seus menores detalhes? As muralhas foram construídas por Rômulo e seus sucessores com previsora prudência; apoiam-se por todas as partes em montanhas cortadas a pique, deixando somente um acesso entre os montes Esquilínio e Quirinal, fechado por um bom reduto e um amplo fosso. A cidadela, já bastante defendida pela altura e o isolamento da rocha em que se ergue, está tão bem fortificada que pôde conservar-se incólume e intacta mesmo no meio do horrível transbordamento da invasão dos gauleses. Escolheu, além disso, um terreno cheio de mananciais e saudável no meio de uma região pestilenta, porque as colinas que o rodeiam, ao mesmo tempo que dão ao vale o ar puro, emprestam-lhe a sombra.

VII

Tudo isso o terminou com grande celeridade, dando à cidade o nome de Roma, tomado do seu; e, para afirmar suas bases, concebeu Rômulo um projeto estranho, violento, mas que revelou sua hábil política e o desejo de preparar o futuro e a fortuna do seu povo. Tinham vindo as donzelas sabinas de mais ilustre nascimento para assistir ao primeiro aniversário dos jogos; Rômulo fê-las roubar no circo e deu-as por esposas aos seus guerreiros mais valentes. Esse rapto armou os sabinos contra Roma; mas, no meio de um combate cujo resultado era duvidoso, as donzelas roubadas intercederam pela paz, o que deu origem a que Rômulo concluísse uma aliança com Tácio[83], rei dos sabinos, dando-lhe participação na sua autoridade e concedendo aos dois povos, ao mesmo tempo que os mesmos sacrifícios, o mesmo direito de cidadania.

VIII

Depois da morte de Tácio, o poder inteiro voltou para Rômulo, que, já de acordo com aquele, reunira em conselho real os principais cidadãos, chamados de *pais* pelo carinho do povo; tinha, também, dividido o povo em três tribos, chamadas com o nome de Tácio, com o seu próprio e com o de Lucumão[84], morto a seu lado no combate contra os sabinos, e depois

---

83. Rei dos sabinos que partilhou o poder com Rômulo.
84. Aliado de Rômulo. Com o nome de Lucumão, passaram os etruscos a designar os chefes de tribo e os sacerdotes.

em trinta cúrias, designadas também com os nomes de virgens sabinas, as quais, depois de roubadas, foram as mediadoras da paz; e, embora tudo isso se tivesse instituído em vida de Tácio, nem por isso Rômulo deixou, depois de ele morto, de se apoiar, para reinar, na autoridade dos pais e no seu conselho.

IX

Isso demonstra que Rômulo pensou o que antes havia pensado Licurgo em Esparta: que o poder de um só e a potestade régia é, para os Estados, a melhor forma de constituição, se a ela se acrescentam a autoridade e o apoio dos melhores. Assim, com o auxílio desse conselho e quase senado, terminou com felicidade algumas guerras contra diversas povoações próximas, e não deixou de enriquecer seus súditos, sem jamais reservar para si a melhor parte do despojo. Por um costume que felizmente ainda conservamos, Rômulo foi muito respeitoso para com os áuspices, o que constituiu a primeira base da República, e em todas as suas empresas importantes cuidou de aconselhar-se com um áugure escolhido em cada uma das tribos. Teve também a plebe sob a clientela dos grandes, medida cujas vantagens não deixarei de examinar; e, como a fartura consistisse, então, em terras e em rebanhos, fez pagar as multas em touros e em carneiros, sem recorrer jamais aos suplícios corporais.

X

Depois de um reinado de trinta e sete anos, após ter fundado os dois maiores apoios da República, os áuspices e o Senado, Rômulo, cuja glória estava no seu esplendor, desapareceu em um eclipse do sol, e a plebe contou-o no número dos seus deuses, glória que não se alcança sem virtudes sobre-humanas e méritos insignes. E é tanto mais admirável essa apoteose quanto os outros homens divinizados o foram em séculos menos eruditos e mais favoráveis à fábula, porque a ignorância gera a credulidade; Rômulo, pelo contrário, viveu há menos de seiscentos anos, em uma época em que as ciências e as letras, já antigas, tinham despojado de seu caráter grosseiro e inculto os antigos erros. Com efeito, se, como afirmam os anais gregos, Roma foi fundada no segundo ano da sétima olimpíada, a existência de Rômulo corresponde a um século em que a Grécia, cheia já de músicos e poetas, só dava crédito a fábulas muito antigas. A primeira olimpíada estabeleceu-se cento e oito anos depois da promulgação das leis de Licurgo, embora um erro tenha feito atribuir a instituição das olimpíadas a esse legislador. Por outra parte, a opinião que supõe Homero mais perto de nossos dias o faz viver trinta anos antes de Licurgo. É, pois, evidente que precedeu de muito a Rômulo, e então os homens sabiam muito para crer em ficções novas. A Antiguidade pôde admitir fábulas grosseiras; não, porém, nessa idade em que estava mais espalhada a cultura [∗∗∗]*. A apoteose de Rômulo foi admitida, no entanto, em um século em que o mundo já era velho; o fundador de Roma inspirou essa admiração profunda pelo seu gênio e suas virtudes, e mesmo os que séculos antes se teriam negado a crer em outro mortal acreditaram então no relato de um camponês, Próculo[85], quando, mandado pelos senadores, que queriam afastar qualquer suspeita de assassínio, afirmou que Rômulo acabava de aparecer-lhe sobre a colina chamada hoje monte Quirinal[86], suplicando-lhe que fizesse erigir nesse sítio um templo para o povo romano, porque ele era deus e se chamava Quirino[87].

XI

Vedes, pois, como o gênio de um homem pôde dar vida a um povo, não o abandonando em seu berço, mas só quando já estava adulto e completo o seu desenvolvimento.

Lélio: — Vemos-te, não menos atônitos, seguir nesse discurso um sistema completamente novo e que não se encontra nos livros dos gregos. O príncipe deles, Platão, o maior dentre os seus escritores, estabeleceu a área de sua cidade no ponto que achou conveniente; cidade admirável

---

*. Lapso do original. (N.E.)
85. Júlio Próculo, que, depois da morte de Rômulo, afirmou que este lhe tinha aparecido em forma de divindade.
86. Derivado de *Quirino*.
87. Nome dado a Rômulo depois de sua morte.

sem dúvida, mas estranha à vida real e aos hábitos humanos. Outros reformadores, sem tomar modelo, sem se propor tipo algum de República, discorreram a respeito das várias constituições dos Estados. Tu, ao que parece, queres, por tua parte, reunir os dois métodos, preferindo atribuir a outros os teus descobrimentos e criar sistemas como Sócrates em Platão, enaltecendo a memória de Rômulo, pela fundação de sua cidade, em circunstâncias e condições que talvez fossem obra do acaso ou da própria necessidade. Continua como começaste; já prevejo que vais examinar outros reinos para apresentar uma República perfeita.

XII

Cipião: — O Senado de Rômulo, que constava e se compunha de nobres, aos quais o rei tanto distinguiu que chegou a chamar-lhes *pais* e a seus filhos *patrícios,* testou, depois que Rômulo desapareceu, governar sem rei a República; mas o povo não o consentiu, e reclamou um rei, apesar da dor experimentada com a perda do primeiro. Como interregno, os nobres pensaram em uma forma de governo nova e desusada; o Estado, esperando o chefe que definitivamente havia de reinar, não estava sem rei; mas o tempo desse reinado provisório foi limitado, por causa do receio de que um reinado muito longo se tornasse demasiado difícil de abandonar. Assim, pois, esse povo jovem compreendeu algo que escapou ao legislador da Lacedemônia, Licurgo, que não achou, como se isso dependesse dele, que o rei devesse ser eleito, e exigiu, como única condição, que tivesse nas veias o sangue de Hércules[88]. Nossos antepassados, então tão toscos, julgaram, de fato, que convinha buscar, de preferência à progênie, a virtude e a sabedoria.

XIII

Como a fama encontrasse em Numa Pompílio[89] esses relevantes dotes, o povo romano, preterindo os seus próprios cidadãos, arranjou, com a autoridade dos *pais,* um rei alheio; e, para isso, chamou a Roma aquele

---

88. O mais célebre dos heróis da mitologia grega, filho de Júpiter e de Alcmena.
89. Segundo rei de Roma.

sabino, da cidade de Curas, onde se achava. Desde sua chegada, Numa, apesar de ter sido nomeado nos comícios curiados, ditou uma lei concernente a estes e a sancionou com o seu poder; vendo, por outra parte, quanto era grande o ardor bélico dos romanos, e compreendendo que esse ardor se mantinha com suas instituições, determinou ir mudando os seus costumes guerreiros.

XIV

Primeiramente, dividiu entre os cidadãos as terras que Rômulo adquirira na guerra, e ensinou-lhes que, sem a devastação e sem a pilhagem, podiam obter-se todas as vantagens com o cultivo assíduo dos campos; inspirou-lhes o amor à paz e à calma, garantias da fé e da justiça, com cujo patrocínio prosperam as colheitas e os cultivos. Do mesmo modo, instituindo áuspices maiores, acrescentou ao número dos augures primitivos mais dois; e, mediante leis, que em nossos monumentos conservamos, acalmando em todos o ardor da guerra, despertou-lhes o culto das divindades. Estabeleceu também os flâmines, os álios, as vestais e estatuiu por toda parte a religião; quis que nos sacrifícios fossem complicadas as cerimônias e simples as oferendas, exigindo do sacerdócio extensos conhecimentos, sem ostentação, e uma piedade mais própria da observância do que da prescrição dispendiosa. Foi ele, também, quem fez pôr em uso os mercados, os jogos, as festas e todas as ocasiões de reunir e aproximar os homens entre si, atraindo à doçura e à amizade os que se tinham tornado ferozes e rudes com a paixão das armas. Depois de ter reinado assim, no meio de uma completa paz, durante quarenta e nove anos (sigamos a opinião do nosso grande Políbio, a quem nenhum historiador se compara em diligência para averiguar datas), deixou a vida, tendo confirmado em Roma duas coisas necessárias como bases do esplendor e da duração de uma República: a religião e a clemência.

XV

Quando Cipião acabou de falar: — É verdadeira – perguntou Manílio ao Africano – a memória que se conserva de que Numa foi discípulo de Pitágoras ou, pelo menos, pitagórico? Com frequência o temos ouvido dos anciãos, e assim o vulgo o estima; mas nada disso vemos que nos satisfaça na autoridade dos anais públicos.

Então, Cipião: — É falso – disse – e não só falso como também néscio no fundo e absurdo. Porque não se devem supor fatos que, longe de se terem verificado, são impossíveis. Foi no quarto ano do reinado de Lúcio Tarquínio, o Soberbo,[90] que Pitágoras chegou a Síbaris, a Crotona e a esta parte da Itália. A septuagésima segunda olimpíada é a data comum da elevação de Tarquínio ao trono e da viagem de Pitágoras. É, portanto, claro, calculando a duração de cada reinado, que se tinham passado cento e quarenta anos, após a morte de Numa, quando Pitágoras visitou a Itália pela primeira vez, fato incontestável para aqueles que estudam cuidadosamente os anais do tempo.

— Deuses imortais – prorrompeu Manílio! Quão inveterado é este erro! Além do mais, consola-me saber que Roma deve seu esplendor, não às teorias importadas de além-mar, mas às suas relevantes e genuínas virtudes domésticas.

XVI

— Ainda o saberás mais facilmente – continuou o Africano – quando, estudando o progresso de nossa República, a vires avançar até o estado em que hoje se encontra. Então apreciarás no seu verdadeiro valor a sabedoria dos nossos antepassados, que transformaram as coisas tomadas aos estranhos em melhores do que eram a princípio, e verás que este povo não se engrandeceu por acaso, mas por prudência e disciplina, ao que, na verdade, não se opôs à fortuna.

XVII

Morto o rei Pompílio, o povo, ante a proposta de um rei interino, confiou o reinado a Túlio Hostílio[91] nos comícios curiados; seguindo o exemplo de Pompílio, consultou ele as cúrias a respeito de sua elevação ao trono.

---

90. Sétimo e último rei de Roma. Tendo governado com violência e arbítrio, foi destronado por Bruto e Colatino.
91. Terceiro rei de Roma, que submeteu os albanos e os sabinos.

Brilhou sua glória na milícia, e foram notáveis seus feitos de armas. Construiu a praça dos Comícios e decorou o palácio do Senado com o despojo ganho nas batalhas. Dele são as formas legais para à declaração de guerra, costume justo que consagrou com a intervenção religiosa dos feciais, e, desde então, toda guerra empreendida sem essas formalidades foi considerada ímpia e injusta. E note-se com quanta sabedoria já viam os nossos reis o que se devia dar ao povo, pois não é pouco o que sobre isso posso dizer. Túlio, sem a autoridade dele, não ousava cobrir-se com as insígnias reais nem fazer-se preceder dos doze litores [***]*.

XVIII

[***] [Manílio:] Não caminha para a perfeição, mas voa, esta República cuja origem descreves.

[Cipião:] — Depois dele, um descendente de Numa Pompílio, por parte de sua filha, Anco Márcio[92], foi nomeado rei pelo povo; também tomou o império com uma lei curiada. Como tivesse vencido os latinos, admitiu-os na cidade. Acrescentou à cidade os montes Aventino e Célio; dividiu os campos que tinha conquistado; conservou sob o domínio público os bosques tomados na guerra, vizinhos ao mar, e fundou uma colônia à margem do Tibre. Por fim, morreu, depois de ter reinado vinte e três anos.

Lélio: — Esse rei também é digno de elogios, mas a história romana é bem obscura; com efeito, embora saibamos o nome da mãe desse rei, ignoramos o do pai.

Cipião: — Assim é, mas, naqueles tempos, só os nomes esplendorosos se conservaram.

XIX

Vê-se, porém, aqui, pela primeira vez em Roma, a influência de uma civilização estranha. Não era, decerto, um pequeno arroio que então trouxe as artes da Grécia, mas um rio soberbo, que transportou em suas águas

---

*. Lapso do original: perderam-se cerca de duas páginas do manuscrito. (N.E.)
92. Neto de Numa Pompílio. Foi o quarto rei de Roma, tendo fundado o porto de Óstia.

as ciências e as letras. Demarato[93], o primeiro dos coríntios pela consideração, pelo crédito e pelas riquezas, não podendo suportar o jugo do tirano Cípselo[94], fugiu com seus tesouros para a Tarquínia, cidade florescente dos etruscos. Tendo sabido, depois, que a dominação de Cípselo se consolidava, renunciou à sua pátria; varão livre e forte, fez-se admitir como cidadão na Tarquínia, em cuja cidade se estabeleceu e fixou domicílio. Ali, tendo tido dois filhos com uma mãe de família da cidade, ensinou a ambos as artes e a disciplina dos gregos. [∗∗∗]*

XX

[∗∗∗] Um desses filhos foi admitido facilmente na cidade e, pela sua humanidade e doutrina, fez-se confidente do rei Anco, que o fez partícipe de todas as suas decisões e até parecia seu companheiro no trono. Tinha, ademais, trato amável, e a todos prodigalizava benefícios e liberalidades. Assim, morto Márcio, o povo elegeu L. Tarquínio, que assim mudara de nome, rendendo culto aos costumes desse povo. Dessa forma, quando fez sancionar seu poder, duplicou o primitivo número dos *pais*. Aos primitivos, que consultava de preferência, chamou *maiores*, e aos novos, *menores*. Organizou, depois, a ordem dos *cavaleiros*, tal como hoje permanece. Não pôde mudar os nomes de *ticienses, ramnenses e lúceros*[95] como teria desejado, pela oposição que encontrou no famoso áugure Névio[96]. É sabido que os de Corinto mantinham e cuidavam dos cavalos para as necessidades públicas, mediante uma contribuição imposta aos celibatários e às viúvas. Acrescentou, pois, aos primeiros ginetes outros, até o número de mil e trezentos, que mais tarde duplicou, depois de ter vencido os équos, nação forte, que era uma contínua e iminente

---

93. Pai de Tarquínio Prisco. Nasceu em Corinto.
94. Tirano de Corinto.
*. Lapso do original: perderam-se cerca de duas páginas do manuscrito. (N.E.)
95. *Ticienses*: isto é, os sabinos, de Tito Tácio, centúria de cavaleiros instituída por Rômulo. *Ramnenses* ou *ramnos*: isto é, os latinos, outra centúria. *Lúceros* ou *Lucerentes*: isto é, os etruscos também.
96. Antigo poeta latino, cômico e épico.

ameaça para Roma. Repeliu, igualmente, uma invasão dos latinos; fê-los fugir com sua cavalaria; sabemos, por fim, que instituiu o primeiro dos jogos romanos; que, na guerra contra os sabinos, fez voto, no mais renhido da peleja, de construir um templo a Júpiter Ótimo e Máximo sobre o monte Capitólio, e que morreu, depois de ter ocupado o trono trinta e oito anos.

XXI

Lélio: — Cada vez parece mais certa a frase de Catão: "— A constituição da República não foi obra de um homem nem de um tempo.". Claramente se veem quantas e quais foram, em cada reinado, as coisas boas. Mas afigura-se-me que chegamos àquele que, dentre todos, me parece ser o que mais e mais claro viu na constituição da República.

Cipião: — Assim é: Sérvio[97] foi o primeiro que começou a reinar sem consultar a vontade do povo. Supõe-se que era filho de uma escrava tarquiniense e de um cliente do rei. Educado entre os íntimos do príncipe, e servindo-o à mesa, revelou uma inteligência pouco comum nas menores ações e palavras. Dessa forma, Tarquínio, cujos filhos ainda choravam nos seus berços, dedicou-lhe tanto afeto que Sérvio passava geralmente por seu filho, e dele recebeu vasta instrução, conforme os modelos da Grécia, que ele tinha sido o primeiro a seguir. Quando Tarquínio sucumbiu às insídias dos filhos de Ando, Sérvio começou a reinar não por mandato, mas por consentimento tácito dos cidadãos. Tendo circulado a notícia de que Tarquínio sobrevivia aos seus ferimentos, pareceu, a princípio, que Sérvio não passava de um usurpardor; acalmou, então, os irritados credores com sua liberalidade e declarou que tudo quanto fazia devia entender-se em nome do rei, evitando, assim, sua apresentação ao Senado. Mas, depois de sepultado Tarquínio, Sérvio acudiu voluntariamente aos sufrágios populares e, uma vez regularizado o seu mandato por meio de uma lei especial, a primeira coisa em que pensou foi vingar as injúrias dos etruscos. [***]*

---

97. Sérvio Túlio, sexto rei de Roma.
  *. Lapso do original: perderam-se cerca de duas páginas do manuscrito. (N.E.)

XXII

[∗∗∗] criou dezoito centúrias de cavalaria de grau máximo. Depois de separar grande quantidade de cavaleiros da massa, dividiu o resto do povo em cinco classes, separando os jovens dos velhos e arranjando tudo de modo que a preferência dos sufrágios correspondesse, não à multidão, mas aos ricos, e cuidou de tudo o que se deve cuidar em toda República: de que os em maior número não o sejam em valimento. Se essa descrição vos fosse desconhecida, por mim vos seria explicada; mas basta que vos fixeis no resultado. As centúrias da primeira classe e as dos cavaleiros, com seus seis sufrágios, às quais se acrescentava a dos carpinteiros, pela sua utilidade na cidade, formavam oitenta e nove centúrias. Bastava, pois, que oito centúrias, das cento e quatro que restavam, se unissem às primeiras, para que o voto popular tivesse o mesmo resultado que teria se fosse unânime. As outras noventa e seis centúrias, muito superiores em número, não estavam, pois, excluídas do direito de sufrágio, coisa que teria parecido despótica, e também não desfrutavam de um poder que teria apresentado inúmeros perigos. Em tudo isso, teve muito em conta os nomes e as palavras. Deu aos ricos um nome que indicava os auxílios pecuniários que subministravam ao Estado, e aos que não tinham mais de mil e quinhentos ases, ou não possuíam mais do que sua pessoa, chamou *proletários,* indicando assim que deles a pátria só esperava a prole. Ninguém estava, pois, privado do direito do sufrágio, se bem que a preponderância dos ricos fosse manifesta. [∗∗∗]*

XXIII

[∗∗∗] Cartago era setenta e cinco anos mais antiga do que Roma, posto que fundada trinta e nove anos antes da primeira olimpíada; muito antes ainda Licurgo teve os mesmos objetivos; assim, essa igualdade e esse tríplice gênero de governo parece-me que nos deve ter sido comum com aquele povo. Mas há alguma coisa própria e essencial na nossa República, que não pode ser mais preclara, a qual procurarei expor o melhor que me seja possível e que parecerá tal que nada haverá que se lhe pareça. Na

---

*   Lapso do original: perderam-se cerca de quatro páginas do manuscrito. (N.E.)

Lacedemônia, em Cartago e na nossa própria história até o momento atual, temos encontrado a reunião desses três elementos políticos, mas nunca na medida justa de equilíbrio. Porque, na sociedade em que uma pessoa é investida de potestade perpétua, e da regra principalmente, embora haja nela um senado, como em Roma sob os reis, ou como em Esparta sob as leis de Licurgo, e, embora o povo exerça algum direito como na nossa monarquia, o título de rei inclina a balança e faz com que o Estado seja e se chame monarquia. E essa forma de governo é a mais exposta a mudança e transtornos, porque os vícios de um só podem bastar para precipitá-la em um funesto abismo. Em si mesma, não só não acho detestável a monarquia, como até a considero preferível às outras formas de governo simples, se alguma forma simples pudesse agradar-me. Mas isso quando conserva seu caráter, isto é, quando o poder perpétuo de um só, sua igualdade e justiça garantam a segurança, a igualdade e o bem-estar de todos os cidadãos. Mesmo então, falta não pouco ao povo que é governado por um rei; antes de tudo, a liberdade, que não se estriba em ter um bom amo, mas em não o ter. [***]*

XXIV

[***] Aquele senhor injusto e cruel teve a fortuna, durante algum tempo, como escrava de suas empresas. Conquistou o Lácio inteiro, tomou Promécia, cidade poderosa, e, com o despojo de ouro e prata, erigiu o Capitólio[98], cumprindo assim a promessa do avô. Fundou também colônias, e, seguindo os usos dos povos de que era oriundo, enviou a Delfos,[99] como primícias do seu despojo, magníficas oferendas para adornar o templo de Apolo[100].

---

*. Lapso do original: perderam-se cerca de duas páginas do manuscrito. (N.E.)
98. Templo dedicado a Júpiter e cidadela no monte Capitolino, onde os triunfadores eram coroados. Perto do templo estava a rocha Tarpeia, de onde eram precipitados os traidores. Daí provém a locução: "Do Capitólio à rocha Tarpeia não vais mais que um passo", o que significa que, muitas vezes, ao triunfo pode se seguir o opróbrio.
99. Cidade da antiga Grécia, na qual havia um templo onde Apolo ditava oráculos pela boca de Pítia.
100. Deus grego e romano dos oráculos, da medicina, da poesia, das artes, dos rebanhos, do dia e do sol (nesta última qualidade, também chamado *Febo*).

XXV

Começa agora, neste ponto, o círculo cujas revoluções devemos estudar desde o começo; porque o que é mais essencial na ciência política, sobre a qual versa nossa dissertação, é conhecer a marcha e as alterações dos Estados, a fim de que, sabendo para que escolhos cada governo se dirige, se possam reter ou prevenir seus funestos resultados. O rei a que me refiro, manchado antes de tudo com o sangue do rei melhor e mais preclaro, perdera a integridade de seu ânimo, e, temeroso do castigo que o ameaçava, queria impor-se pelo temor. Da altura de suas vitórias e dos seus tesouros, cego pelo despotismo e pelo orgulho, chegou a não poder governar suas paixões nem a concupiscência libidinosa dos outros. Assim, tendo o mais velho dos seus filhos desonrado Lucrécia[101], filha de Tricipitino[102] e esposa de Colatino[103], e tendo essa nobre e casta mulher se suicidado para não sobreviver à honra ultrajada, deu isso ocasião a que um homem de gênio e virtude, Júnio Bruto[104], sacudisse o jugo infame e sangrento; simples cidadão, encarregou-se dos destinos públicos, ensinando pela primeira vez esta grande máxima: "Todo homem é magistrado quando se trata de salvar a pátria.". Roma inteira ergueu-se à sua voz e, indignada com a morte de Lucrécia, jurou vingá-la e vingar seus desolados parentes. E, recordando a injustiça de Tarquínio, dos seus filhos e de todos os seus, expulsou para sempre de Roma sua raça nefanda.

XXVI

Vedes de que modo o rei produz o déspota, e como basta o crime de um só homem para converter uma boa forma de governo na pior de todas as que se possam imaginar? É a esse déspota do povo que os gregos chamam *tirano;* porque querem dar o nome de rei somente àquele que vela pelo

---

101. Dama romana que se matou por ter sido ultrajada por um filho de Tarquínio, o Soberbo. Esse fato deu origem ao estabelecimento da República em Roma.
102. Personagem pouco conhecida.
103. Lúcio Tarquínio Colatino, neto de Tarquínio Prisco e marido de Lucrécia. Foi, com Bruto, um dos primeiros cônsules de Roma.
104. Lúcio Júnio Bruto, principal autor da revolução que expulsou de Roma os Tarquínios e instituiu a República.

povo como um pai e que conserva os que governa na condição e estado mais venturosos da vida. Considero, como já disse, boa essa forma de constituição política, mas também próxima do estado mais pernicioso. No mesmo momento em que um rei se deixa dominar pela injustiça, converte-se em tirano, e nada é mais horrível e repulsivo aos deuses e aos homens do que esse animal funesto que, embora com forma humana, sobrepuja, em ferocidade e crueldade, as mais desapiedadas feras. Quem dará o título de homem a um monstro que não reconhece comunidade de direitos para com os outros homens, nem laços que o unam à humanidade? Mas será mais oportuno falar da tirania quando a ilação do nosso discurso levar a nos ocuparmos daqueles que, estando a cidade livre, pensaram em usurpar sua dominação.

XXVII

Tendes, pois, o primeiro exemplo de tirano; os gregos quiseram designar com esse nome o rei injusto; nós chamamos reis, indistintamente, a todos os que exercem por si sós uma autoridade perpétua. Foi por isso que Espúrio Cássio[105], M. Mânlio[106], Mélio[107] e de certo modo, mais tarde, Tibério Graco[108] foram acusados de querer usurpar o trono. [***]*

XXVIII

[***] Licurgo, na Lacedemônia, estabeleceu um conselho de anciãos, composto unicamente de vinte e oito, aos quais deu o direito supremo de deliberação, reservando para o rei a supremacia do mando. Nossos romanos, imitando-o, deram aos que ele chamou de *anciãos* o nome de

---

105. Espúrio Cássio Vicelino, cônsul romano, promotor de uma lei agrária que lhe custou a vida.
106. Marco Mânlio Capitolino, cônsul romano que salvou o Capitólio sitiado pelos gauleses e foi, mais tarde, precipitado da rocha Tarpeia.
107. Espúrio Mélio, cavaleiro romano que aspirou à realeza.
108. Tibério Graco e seu irmão Caio, filhos de Cornélia, foram os autores das leis agrárias com as quais desejavam pôr um fim à avidez da aristocracia romana, que se apoderara da maior parte das terras conquistadas do inimigo.
  *. Lapso do original: perderam-se cerca de duas páginas do manuscrito. (N.E.)

senado, o que também fez Rômulo, conforme dissemos, com os *pais;* e, nesse sistema, a força, como a potestade, correspondeu ao poder real. Certamente, tanto Licurgo como Rômulo concederam alguns direitos ao povo; mas, longe de servirem para saciar sua sede de liberdade, serviram para acendê-la. O povo sempre estará pendente do receio de que se eleve um rei injusto. E, pois, como antes disse, frágil a fortuna do povo que se baseia na vontade e nos hábitos de um só.

XXIX

O modelo e a verdadeira origem da tirania são, pois, encontrados por nós nessa mesma República que Rômulo fundou com tão bons auspícios, e não naquela que, conforme escreve Platão, se nos apresenta nos diálogos peripatéticos de Sócrates. Assim, bastou a Tarquínio, para destruir todo esse gênero e regime monárquico, não uma nova potestade, mas uma usurpação arbitrária da que já tinha. Oponha-se agora, a esse déspota, um príncipe prudente, virtuoso, apto para assegurar a felicidade e a glória dos seus concidadãos, um verdadeiro tutor e procurador da República, que assim deve ser chamado quem é o reitor e governador da cidade. Será fácil reconhecer esse sábio varão: será aquele que possa proteger o Estado com suas palavras e com suas obras. Como ainda não lhe dei um nome, procurarei fazer um bosquejo de seu caráter. [***]*

XXX

[***] Platão dividiu seu território, com suas moradas e riquezas, entre os cidadãos, em partes iguais, e estabeleceu sua República, tão fácil de desejar quanto difícil de possuir, e que vinha a ser menos um plano suscetível de realização do que um modelo em que se pudessem estudar todos os expedientes da política. Por minha parte, tanto quanto possa consegui-lo, tentarei aplicar princípios idênticos não ao vão simulacro de uma sociedade imaginária, mas à mais ampla e poderosa República, de modo que se possa assinalar a causa dos males e bens públicos. Uma vez expulso Tarquínio, depois de duzentos e quarenta e dois anos de mo-

---

*. Lapso do original: perderam-se cerca de doze páginas do manuscrito. (N.E.)

narquia, contados os interregnos, o povo romano chegou a tomar tanto ódio a tudo o que se relacionava com o nome de rei quanto a dor que experimentara com a morte de Rômulo, ou antes, com a sua desaparição. Assim como então não podia carecer de rei, assim também, expulso Tarquínio, o próprio título de rei tornou-se-lhe insuportável. [✱✱✱]✱

XXXI

[✱✱✱] Quebrou-se aquela lei. Pensando assim, os nossos maiores desterraram Colatino, apesar de sua inocência, como suspeito pela sua família; aos outros Tarquínios, por ódio ao seu nome. Levado pelo mesmo pensamento, P. Valério[109], nas suas arengas no foro, foi o primeiro a abater os feixes diante do povo, e deu ordem de levar ao pé de monte Vélia os materiais de uma casa que tencionava edificar no cimo da colina, quando viu que o lugar por ele escolhido suscitava a suspeita do povo, por ter o rei Túlio tido ali sua residência. Ainda assim, mereceu o nome de Publícola por ter proposto a primeira lei votada nos comícios centuriados, que proibia que os magistrados matassem e até lastimassem os cidadãos que apelassem, para o povo. O direito de apelação existia sob os reis, conforme demonstram os livros dos Pontífices[110] e significam os nossos arquivos augurais; as próprias Doze Tábuas[111] indicam, em muitas passagens, que era permitido apelar de toda sentença e de todo castigo; a eleição dos decênviros legisladores, que escreveram as leis sem apelação, demonstra suficientemente que existia contra eles esse direito. Lúcio Valério[112], Potício[113] e Horácio Barbado[114], homens conhecidos

---

✱. Lapso do original: perderam-se cerca de dezesseis páginas do manuscrito. (N.E.)

109. P. Valério Volúsio Publícola, um dos fundadores da República romana, tendo participado com Bruto da expulsão dos Tarquínios.

110. Sacerdotes.

111. A Lei das Doze Tábuas foi a primeira legislação escrita dos romanos. Assim foi chamada por ter sido gravada em doze tábuas de bronze. Os decênviros, isto é, os dez magistrados nomeados depois do estabelecimento da República em Roma com o fim de elaborar um código, foram os seus autores.

112. Lúcio Valério, cônsul romano.

113. Senador romano.

114. Um dos autores da lei que recebeu o seu nome: *Lei Horácia*.

pela sua popular prudência, estabeleceram, em uma lei do seu Consulado, que os magistrados não poderiam julgar sem apelação; enfim, as três leis Pórcias devidas, como é sabido, aos três Pórcios,[115] não alteraram as anteriores senão no que se referia à sanção penal. Assim, Publícola, tendo feito adotar essa lei lata de apelação, mandou tirar as machadinhas dos feixes consulares e, no dia seguinte, nomeou Lucrécio[116] para participar da mesma forma de suas atribuições; e, como o novo cônsul fosse mais velho, enviou-lhe os seus litores, estabelecendo-se o hábito de que cada mês precedessem os litores a um magistrado, para não multiplicar as insígnias em um povo mais livre do que em uma monarquia. Não tendo dado ao povo uma liberdade moderada, manteve integérrimo o princípio de autoridade e o conservou em mãos dos grandes. Não é sem causa que decanto tão antigos tempos; apresento os modelos dos homens e das coisas em que o resto do meu discurso se deve apoiar.

XXXII

Nessas condições, pois, manteve o Senado a República, naqueles tempos em que, em um povo tão livre, pouco pelo povo e muito pelos costumes e pela autoridade do Senado, ela se regia; os cônsules exerciam uma potestade temporal e ânua, mas regia pelas suas prerrogativas e natureza. Conservava-se, não obstante, o mais essencial, talvez para que os nobres pudessem obter o poder, que consistia em que nada se pudesse aprovar do resolvido pelo povo sem que os patrícios o sancionassem. Por essa mesma época, dez anos depois da criação dos cônsules, aparece a ditadura com T. Laércio[117], nova forma de poder, que pareceu bem depressa semelhante à monarquia. Entretanto, as principais famílias conservavam ainda uma preponderância que não contrariava o povo, e grandes façanhas militares foram, nesses tempos, realizadas por esforçados varões, investidos de grande poder, quer como cônsules, quer como ditadores.

---

115. Tribunos do povo, cada qual tendo feito uma lei, que receberam, por isso, o nome de *Leis Pórcias*.
116. Cônsul romano.
117. T. Laércio, da cidade de Laerte, foi o primeiro ditador de Roma.

XXXIII

A própria marcha dos acontecimentos exigia que o povo, livre dos reis, tentasse conquistar o maior poder possível, e essa nova revolução realizou-se em um curto intervalo, dezesseis anos depois, sob o Consulado de Póstumo[118], Comínio[119] e Espúrio Cássio; talvez faltasse razão para isso, mas, muitas vezes, a natureza das coisas públicas vence a razão. Recordai minhas primeiras palavras: um Estado em que os direitos e as prerrogativas não estão em um equilíbrio perfeito, em que os magistrados não têm suficiente poder, bastante influência as deliberações dos nobres e o povo bastante liberdade, não pode ter estabilidade nem permanência. Assim, entre nós, as dívidas do povo levaram a perturbação ao Estado, e por isso a plebe ocupou o monte Sacro, e depois o Aventino. Tampouco a disciplina de Licurgo foi freio bastante para os gregos, e, sob o rei Teopompo[120], em Esparta, os cinco magistrados chamados *éforos* se nomearam, como os *reguladores* em Creta, em oposição ao poder real, do mesmo modo que entre nós, para contra pesar a autoridade consular, se instituíram os tribunos da plebe.

XXXIV

Nossos antepassados acharam, sem dúvida, para esse mal, um paliativo que o próprio Sólon, alguns anos depois, em caso análogo, não ignorou; nosso Senado tampouco descuidou da aplicação do remédio ao mal da dívida, quando, tendo a crueldade de um credor excitado a indignação pública, todos os cidadãos presos por dívidas recuperaram a liberdade e ficou abolida a prisão por tal delito. Sempre que as calamidades públicas levaram o povo a essa miserável condição, pensou-se, no interesse da saúde geral, em aliviar sua desdita; mas, uma vez descuidada essa prudente política, verificou-se em Roma uma mudança que, com a criação de dois tribunos, em uma sedição, diminuiu o poder e a autoridade do Senado. Este ainda pôde conservar não pouca influência e prepoderância, com-

---

118. Cônsul romano.
119. *Idem*.
120. Rei de Esparta, que instituiu os éforos.

posto como estava de cidadãos tão denodados quanto sábios, os quais, com seus conselhos e com suas armas, protegiam a cidade, conservando o seu ascendente, porque, sendo superiores aos outros em honras, lhes eram inferiores no gozo dos prazeres e em riquezas; acrescente-se que, nas coisas privadas, punham sua diligência, sua fortuna e seus conselhos a serviço de todos os cidadãos.

XXXV

Com a República nesse estado, E. Cássio, alentado por sua popularidade, pretendeu apoderar-se da autoridade real, tendo sido acusado pelo questor; não ignorais que, então, seu próprio pai, tendo sabido de sua culpa, o condenou à morte, com o consentimento popular. Proximamente, pelo ano 54 do Consulado, Tarprio[121] e Atérnio[122] propuseram às cúrias a substituição da multa por castigos corporais, coisa que não pôde deixar de ser agradável ao povo. Vinte anos depois, tendo o rigor dos censores L. Papírio[123] e P. Pinário[124] feito passar para o domínio público, à força de multas, quase todos os ganhos dos particulares, essa forma de confisco foi substituída, por sua vez, por módica avaliação pecuniária, mediante uma lei de C. Júlio e P. Papírio.

XXXVI

Mas, alguns anos antes, quando a autoridade do Senado estava no teu esplendor e o povo a suportava com paciência, adotou-se outro novo sistema; os cônsules e os tribunos abdicaram de seus cargos, e dez magistrados supremos[125] foram criados para exercer o poder soberano sem apelação e escrever as leis. Depois de escreverem dez tábuas de leis com prudência e suma equidade, sub-rogaram sua autoridade no ano seguinte a outros decênviros, os quais não demonstraram a mesma fidelidade nem a mesma justiça.

---

121. Cônsul romano.
122. O cônsul Atérnio, que promulgou a chamada Lei Atérnia.
123. Autor da Lei Papíria.
124. Dos Pinários, antiga família do Lácio.
125. Isto é, os *decênviros*.

Não se deixa de citar, no entanto, um ato de C. Júlio, membro desse colégio, que, denunciando como assassino o nobre Sexto, de cuja habitação vira retirar um cadáver, apesar de ser decênviro sem apelação e de ter em suas mãos o supremo poder, aceitou a caução de acusado e declarou que não queria infringir a maravilhosa lei, pois só aos comícios de centúrias cumpria julgar a vida de um cidadão romano.

XXXVII

Passaram-se três anos sem que os decênviros quisessem sub-rogar a outros sua autoridade. Com a República nesse estado, o qual, como eu disse muitas vezes, não podia ser duradouro, por não ser igual para todas as classes da cidade, todo o poder e toda a influência ficaram nas mãos dos aristocratas, sendo os nobres decênviros nomeados sem oposição dos tribunos da plebe, sem adição de outra magistratura e sem apelação para o povo contra o machado e o chicote. Tamanha foi, pois, a sua injustiça, que se produziu um horrível transtorno, uma completa revolução; publicaram duas novas tábuas com iníquas leis, uma das quais proibia toda aliança entre plebeus e patrícios, aliança concedida pelo matrimônio até aos estrangeiros; essa lei foi, mais tarde, derrogada pelo plebiscito Canuleio.[126] Abusaram, enfim, do povo, em benefício de sua concupiscência e avareza. Todos sabemos, por ter sido esse fato celebrado em muitos monumentos literários, que Virgílio[127] imolou sua filha na praça pública, com suas próprias mãos, para subtraí-la ao desejo brutal de um decênviro; este, desesperado, fugiu para o monte Álgido, onde estava o exército, e os soldados, abandonando a guerra ainda indecisa, partiram para o monte Sacro e, como de outra vez já o tinham feito, assaltaram o Aventino com as armas. [***]*

XXXVIII

Quando Cipião disse isso, todos permaneceram em silenciosa expectativa.

---

126. Caio Canuleio, tribuno do povo.
127. Cidadão romano.
   *. Lapso do original: perderam-se cerca de oito páginas do manuscrito. (N.E.)

Por fim, Tuberão: — Embora – disse – nada de ti os meus maiores exijam, ouve, Africano, o que de ti desejo.

— Fala – disse Cipião –, que com prazer te ouvirei.

Tuberão: — Elogiaste nossa constituição política, se bem que Lélio te interrogasse, não sobre a nossa, mas sobre toda forma de governo; por outro lado, não nos disseste de que modo essa República, que tanto elogias, pôde se constituir e se conservar, com que disciplina, com que costumes ou leis.

XXXIX

Cipião: — Logo teremos ocasião propícia para falar da instituição e conservação dos Estados, Tuberão. Pelo que diz respeito ao melhor governo, creio ter respondido a Lélio satisfatoriamente. Com efeito, defini, em primeiro lugar, três formas políticas possíveis; depois, outras três, perniciosas, a elas contrárias; afirmei que, nenhuma delas era perfeita, mas sim aquela que resultasse de uma combinação das três. Se citei o exemplo de Roma, não foi certamente com o fim de definir um Estado sem mácula, mas com o de demonstrar praticamente a aplicação, em uma grande cidade, do que eu descrevera em meu discurso. Mas, se queres conhecer o melhor gênero de República, sem citar como exemplo povo algum, utilizarei a imagem da natureza. [***]*

XL

[***]** Esse, e não outro, é o tipo que há tempo procuro e ao qual desejo chegar.

Lélio: — Procuras o do varão prudente?

Cipião: — Justamente.

Lélio: — Modelos bastantes tens diante dos olhos, começando por ti mesmo.

Cipião: — Oxalá que o Senado nos desse modelos semelhantes! O político prudente é como aquele homem que vimos na África com

---

*. Lapso do original: perderam-se muitas páginas do manuscrito. (N.E.)

**. Neste ponto o texto retoma e dá sequência à fala de Cipião. (N.E.)

frequência, o qual, montando um elefante gigantesco, o dirige e governa a seu capricho, mais com a vontade do que com os atos.

Lélio: — Tive ocasião de observar a mesma coisa quando fui teu legado.

Cipião: — Assim, um bárbaro, ou um cartaginês, consegue guiar uma fera, uma vez domesticada e afeita aos hábitos do homem. Mas esse algo que reside no espírito do homem e que dele faz parte com o nome de inteligência não deve domar somente uma fera dócil e submissa, mas outra muito mais indômita e terrível; fera pronta a todo excesso, ébria de sangue, disposta a toda crueldade e que necessita, para ser guiada, do férreo braço de um varão implacável e forte.

Lélio: — Agora compreendo o cargo destinado ao varão que eu esperava, e as condições de que necessita.

— Uma só exijo – disse Africano –, pois todas as outras já estão nele compreendidas: estudar sem descanso; trabalhar sem trégua pelo seu aperfeiçoamento; procurar que os outros o imitem; e ser, com o esplendor de sua alma e de sua vida, para os seus concidadãos, como um espelho aberto. Assim como os sons despertados nas liras e nas flautas, combinados com o canto e a voz, produzem um conjunto harmônico que agrada ao ouvido inteligente, ao passo que as dissonâncias o incomodam, assim também um Estado, prudentemente composto da mescla e equilíbrio de todas as ordens, concorda com a reunião dos elementos distintos; e o que no canto é chamado pelos músicos de harmonia é, no Estado, a concórdia, a paz, a união, vínculo sem o qual a República não permanece incólume, do mesmo modo que nenhum pacto pode existir sem a justiça. [***]*

XLI

[***] Cipião: — Creio o mesmo; renuncio convosco a tudo quanto até agora dissemos da República, ou a quanto possamos dizer daqui

---

*. Lapso do original: perderam-se muitas páginas do manuscrito no final deste livro segundo. Há manifesta divergência, entre as edições consultadas, no estabelecimento e na continuidade da numeração dos capítulos finais a partir deste ponto. Algumas edições chegam a trazer textos indicados como de autenticidade duvidosa, que se estendem até um suposto capítulo XLIV. (N.E.)

por diante, se não confirmamos antes que, sem uma suprema justiça, não se pode reger de modo algum a coisa pública. Mas, se te apraz, deixemos isso por hoje. Temos ainda muito que dizer, e podemos diferi--lo para amanhã.

Aceita, essa opinião pôs termo à polêmica por aquele dia.

LIVRO TERCEIRO*

---

*. Há um lapso no início deste livro terceiro, pois se perderam as páginas correspondentes do manuscrito original. Nota-se ainda divergência, entre as edições consultadas, com relação ao estabelecimento das divisões de capítulos ao longo deste livro terceiro. Algumas edições apontam a existência de trechos extras, de autenticidade duvidosa. Respeitamos aqui a numeração dos capítulos conforme adotada pelo tradutor, todavia procuramos indicar ao leitor os períodos em que há evidentes lapsos de conteúdo. (N.E.)

I

Cipião: — A princípio, o homem emitia unicamente sons inarticulados e confusos. Depois sua inteligência lhe fez distinguir e separar em partes esses sons; deu, depois, a cada coisa um nome que a distinguisse das outras; e os homens, separados antes, encontraram-se unidos com esse vínculo de simpatia. A própria inteligência, as vozes, que pelo seu som pareciam antes infinitas, assinalaram-se e se expressaram todas com poucos sinais e caracteres, com os quais se tornou possível falar com os ausentes, manifestar os movimentos de nossa alma e esculpir nos monumentos a lembrança das coisas que se foram. Inventaram-se depois os números, para a vida tão necessários, cuja ciência se pode dizer imutável e eterna, posto que é a primeira que ergue nosso olhar para o céu e nos diz que não devemos ver indiferentemente a sucessão das noites e dos dias e o curso tão imutável quão majestoso dos astros.

II

[***]* Alguns homens, cujas almas se elevaram a eminente altura, puderam discorrer a respeito das coisas que, como disse, tinham recebido dos deuses, e tornar-se dignos delas. Assim, os que nos legaram suas dissertações sobre a vida são, para nós, grandes homens, e o são realmente, quer considerados como sábios profundos, quer como apóstolos da verdade, quer como mestres da virtude. Não se deve, por isso, deixar de reconhecer que a arte social de governar os povos, ou na variedade dos descobrimentos dos homens versados no governo da República ou no que eles escreveram em seu ócio fecundo, longe de ser uma ciência sem importância, desperta nos engenhos privilegiados uma virtude divina e quase incrível; e quando a essas excelsas faculdades naturais, desenvolvidas pelas instituições civis, se unem, como nos interlocutores deste diálogo, sólida instrução e extensos conhecimentos, ninguém haverá que a eles se deva antepor. Com efeito, que pode existir de mais preclaro do que o conhecimento e o hábito dos problemas mais importantes da política, quando se unem a eles o prazer e a experiência das artes do entendimento? Que homens haverá melhores do que Cipião, Lélio e Filão,

---

*. Lapso do original: perderam-se cerca de oito páginas do manuscrito. (N.E.)

que, para reunir quantos dotes um homem eminente necessita, uniram às tradições dos seus antepassados e aos seus costumes domésticos a doutrina estranha que haviam recebido de Sócrates? Em suma, quem ambas as coisas quer e pode, quem se instrui ao mesmo tempo na doutrina presente e nas instituições passadas, julgo que merece a maior consideração e os mais perfeitos elogios. Se fosse absolutamente necessário escolher um desses caminhos da sabedoria, apesar de parecer mais feliz a vida pacífica e santa, passada tranquilamente na solidão dos estudos e das artes, eu julgaria certamente mais louvável e ilustre a vida cívica, na qual brilham tão grandes homens, como Cúrio[128].

Que ninguém conseguiu vencer com ferro ou ouro.

III

[***]* Nossos grandes homens se diferenciam nisto: em alguns, a oratória e as artes desenvolveram os princípios da natureza, que é obra, em outros, das instituições e das leis. Por si só, nossa cidade produziu um considerável número, se não de sábios, posto que tanto se deve restringir a aplicação desse título, certamente de varões dignos de elogios, por terem cultivado os inventos dos sábios e os preceitos da sabedoria; contai, agora, todos os Estados famosos, nos tempos que foram e nos que são; considerai que a maior obra do gênio sobre a terra consiste em constituir uma República verdadeira; e ainda quando só conteis um homem em cada cidade, que imensa multidão não encontrareis de varões ilustres? Basta prestardes atenção à Itália, ao Lácio, à própria sabina e volsca multidão, ao Sâmnio, à Etrúria; basta dirigirdes o olhar para a grande Grécia, os assírios, os persas, os cartagineses [***]**

IV

[***] Filão: — Na verdade, me confere uma empresa pouco simpática, pretendendo tornar-me defensor da injustiça!

---

128. Marco Cúrio Dentato, cônsul romano, vencedor de Pirro. Incorruptível, dizia preferir impor a própria vontade aos possuidores do ouro a possuí-lo ele próprio.

*. Lapso do original: perderam-se cerca de seis páginas do manuscrito. (N.E.)

**. Lapso do original: perderam-se cerca de doze páginas do manuscrito. (N.E.)

Lélio: — Temerás certamente que, ao dizer tudo quanto se costuma dizer contra a justiça, pareça que defendes tua opinião, quando és brilhante exemplo de honra e probidade; mas ninguém ignora o hábito de discutir teses contrárias, para chegar ao descobrimento da verdade por esse meio.

Filão: — Pois bem, defenderei o mal, em vosso obséquio. Se os que procuram o ouro não hesitam em afundar-se na lama, nós, que procuramos alguma coisa mais do que o ouro ou seja, a justiça, não devemos evitar nenhum incômodo. Pudesse eu, ao defender opiniões alheias, fazê-lo também com linguagem alheia! Mas, hei de ser eu, Filão, quem há de sustentar o que defendia Carnéades, o grego, tão hábil em apoiar teses contraditórias [***]*

Se falo, pois, nesse sentido, não será certamente para expressar o que meu ânimo sente, mas para que possas desfazer a argumentação de Carnéades, que costumava despedaçar as melhores causas com seu engenho.

V

[***]** Aristóteles[129] tratou em quatro livros, com bastante amplitude, dessa questão da justiça. Pelo que diz respeito a Crisipo[130], nada encontrei nele de elevado nem de grande; porque, conforme seu costume, atende mais às palavras do que às coisas. Nem por isso afirma que não tenha sido digno dos heróis da filosofia combater por uma virtude que, se existe de algum modo, é altamente liberal e benfeitora, cabendo à sabedoria colocá-la em um divino sólio. Seu propósito não devia ser outro; que outras coisas se poderiam propor ao escrever, ou que outra podia ter sido a sua determinação? Não lhe faltou, certamente, talento. Mas a causa que defendia pôde mais do que a sua vontade. O direito que procuramos pode ser alguma vez civil, natural nunca; se o fosse, como o quente e o frio, o amargo e o doce, seriam o justo e o injusto iguais para todos.

---

*. Lapso do original: perderam-se cerca de quatro páginas do manuscrito. (N.E.)
**. Lapso do original. (N.E.)
129. Célebre filósofo grego, nascido na Macedônia. Foi discípulo de Platão e mestre de Alexandre.
130. Filósofo estoico.

VI

Se, como na ficção *pacuviana*, pudesse alguém ser levado pelos ares em um carro de serpentes com asas e percorrer as nações, as cidades e as várias gentes, fixando nelas seus olhos, veria, antes de tudo, o grande Egito, cuja história nos traz a lembrança de séculos e acontecimentos sem número; veria um boi adorado como deus, sob o nome de Ápis[131], e muitos outros portentos entre eles, e muitas feras adoradas como deusas. Na Grécia, como entre nós, veria suntuosos templos consagrados a ídolos de forma humana, considerados ímpios na Pérsia; de modo que, se Xerxes[132] fez incendiar ali os templos de Atenas, foi na firme crença de que era sacrilégio encerrar em estreitas paredes os deuses, cuja residência era a imensidade dos mundos; mais tarde ainda, quando Filipe[133] concebeu a guerra, que empreendeu depois Alexandre[134], contra os persas, foi com o pretexto de vingar a profanação dos mesmos templos, que os gregos não queriam reedificar para tornar mais sempiterna aos olhos da posteridade essa prova do crime dos bárbaros. Muitos outros povos, como os de Tauro, os do Egito sob a dominação de Busíris[135], os gauleses e os cartagineses, julgaram que era piedoso e gratíssimo aos deuses imortais sacrificar os homens em seus altares. Observai quão longe estão essas instituições das dos etólios e cretenses, ao julgarem honesto o latrocínio, e da dos lacedemônios, que proclamavam que onde chegasse o ferro de sua lança se estendiam campos florescentes. Costumavam os atenienses declarar, em juramento público, que todas as terras que produziam oliveiras e trigos eram de sua propriedade. Os gauleses julgavam afrontosos os trabalhos agrícolas e, assim, procuravam colher, com as armas na mão, os campos alheios. Nós mesmos, homens justos, que não permitimos que as gentes transalpinas semeiem azeitonas nem uvas, para superá-las em vinhos e azeites, ao fazer isso julgamos proceder prudentemente, mas não com justiça. Vede como a

---

131. Boi sagrado que os antigos egípcios consideravam como a expressão mais completa da divindade sob a forma de animal.
132. Rei da Pérsia, filho de Dario.
133. Rei da Macedônia, pai de Alexandre.
134. Filho de Filipe. A vida de Alexandre pode ser lida em *Alexandre e César*, de Plutarco.
135. Rei do Egito.

sabedoria difere da equidade; o mais sábio legislador, aquele Licurgo, que observou sempre a maior equidade no direito, não deixou de condenar a plebe ao vil cultivo dos campos dos ricos.

VII

Se eu quisesse descrever os gêneros diversos de leis, instituições, hábitos e costumes, tão diversos não só em todos os povos como em uma mesma cidade, demonstraria nesta as suas milhares de mudanças. Se Manílio, nosso intérprete de direito, que agora me ouve, fosse interrogado a respeito dos legados e heranças das mulheres, decerto responderia diversamente do que costumava responder na sua adolescência, quando ainda não se havia promulgado a lei,[136] que, atendendo sob à utilidade e benefício dos varões, está cheia de injustiças para com as mulheres. Por que não há de ser a mulher capaz de possessão? Por que, se uma vestal pode instituir herdeiros, não há de poder fazê-lo sua mãe? Por que, se era necessário fixar limites à riqueza das mulheres, pôde a filha de Público Crasso[137], sendo única, herdar quantia muito menor? [***]*

VIII

[***] Se fosse inata a justiça, todos os homens sancionariam o nosso direito, que seria igual para todos, e não utilizariam os benefícios de outros em outros tempos nem em outros países. Pergunto, pois: se o homem justo e bom deve obedecer às leis, a quais deve obedecer? Não será a todas sem distinção, porque a virtude não admite essa inconstância, nem a natureza essa variedade, comprovando-se as leis com a pena e não com a nossa justiça. Não há direito natural e por conseguinte, não há justos por natureza. Direis, talvez, que, se as leis mudam, todo cidadão verdadeiramente virtuoso nem por isso deve deixar de seguir e observar as regras da eterna justiça, em lugar das de uma justiça convencional, posto que dar a cada um seu direito é próprio do homem bom e justo. Mas, quais

---
136. De Boco, rei da Mauritânia, que entregou aos romanos Jugurta, seu genro.
137. Homem famoso por suas riquezas. Foi triúnviro com Pompeu e César.
  *. Lapso do original: perderam-se cerca de duas páginas do manuscrito. (N.E.)

são, então, os nossos deveres para com os animais? Não varões vulgares, mas doutos e esclarecidos, Pitágoras e Empédocles[138], proclamam um direito universal para todos os seres vivos, ameaçando com terríveis penas aquele que se atrever a violar o direito de um animal qualquer. Prejudicar os animais é, pois, um crime. [***]*

Como Alexandre perguntasse a um pirata com que direito infestava o mar com seu barco: "— Com o mesmo – respondeu-lhe – com que tu infestas e devastas o mundo.".

IX

Perguntai a todos; a prudência prescreve que aumentemos nosso poder e ampliemos os nossos territórios, para chegarmos aos fins que nos propomos. De que modo Alexandre, esse grande conquistador, que estendeu seu império na Ásia, teria podido, sem violar o território alheio, propagar seu império e entregar-se à voluptuosidade da dominação, da ambição e do orgulho? A justiça, pelo contrário, nos prescreve o respeito aos direitos privados, nos manda consultar o interesse do gênero humano, dar a cada um seu direito, não tocar nas coisas sagradas, nem públicas, nem alheias. Que acontece então? Riquezas, crédito, grandeza, autoridade, império, são patrimônio dos particulares e dos povos, se escutas a prudência. Mas, posto que falamos da República, os exemplos públicos nos serão de mais utilidade; e, já que os princípios de direito são idênticos para as nações e para os indivíduos, julgo preferível dizer alguma coisa da marcha política de um povo. E, sem falar de outros, do nosso, cuja vida, desde o berço, Cipião seguiu ontem no seu discurso, e cujo império se estende hoje pelo mundo inteiro: foi por meio da justiça e com uma política prudente que, do povo mais insignificante, chegou a ser o povo rei? [***]**

---

138. Filósofo e médico de Agrigento. Conta-se que se lançou na cratera do Etna para que não se achassem os seus restos mortais e julgasse que tinha subido aos céus. Mas, devorado pelo vulcão, as suas sandálias foram devolvidas, ficando assim desvendado o seu orgulhoso suicídio.

* Lapso do original: perderam-se muitas páginas do manuscrito neste ponto do texto. (N.E.)

** Lapso do original: perderam-se cerca de oito páginas do manuscrito. (N.E.)

X

[***] Todos os que usurpam o direito de vida e morte sobre o povo são tiranos; preferem, porém, chamar-se com o nome de reis, reservado a Júpiter Ótimo.

Quando as riquezas ou o nascimento, ou qualquer coisa parecida, fazem predominar na República alguns homens, embora pretendam chamar-se aristocratas, não passam de facciosos. Quando o povo pode mais e rege tudo ao seu arbítrio, chama-se a isso liberdade; mas é, na verdade, licença. Quando um teme o outro, o homem ao homem, a classe à classe, forma-se entre o povo e os grandes, em consequência desse temor geral, uma aliança de que resulta o gênero de governo misto, que ontem Cipião tanto elogiava. A justiça não é filha da natureza, nem da vontade, mas de nossa fraqueza. Se fosse preciso escolher entre três coisas, cometer injustiças sem sofrê-las, cometê-las e sofrê-las, ou evitar ambas, o melhor seria cometê-las impunemente; se fosse possível, portanto, não fazê-las e não sofrê-las, ao passo que o estado mais miserável seria lutar sempre, quer como opressor, quer como vítima [***]*

XI

Nenhum povo teria pátria se tivesse de devolver o que usurpou, exceto os árcades[139] e os atenienses, que, temerosos, na minha opinião, de que chegue o dia dessa justiça, supõem ter saído da terra, como os ratos da imundície dos campos.

XII

Une-se a esses argumentos a opinião de certos filósofos, tanto mais digna de se levar em conta quanto nesta matéria, em que procuramos o homem de bem, o varão reto e sincero, não empregam na controvérsia nem suscetibilidade nem astúcias. Negam que o atrativo da virtude consista, para o varão reto, no prazer pessoal que a Bondade e a justiça lhe propor-

---

*. Lapso do original: perderam-se muitas páginas do manuscrito neste ponto do texto. (N.E.)
139. Povo de pastores que habitava a Arcádia, região montanhosa da velha Grécia.

cionam, mas em que a vida do homem virtuoso transcorre sem cuidados, nem temores, nem perigos, ao passo que os ímprobos albergam sempre em sua consciência algum escrúpulo, oferecendo-se sempre, ante seus olhos, a afrontosa imagem dos processos e dos suplícios. Acrescente-se que não pode haver benefício, por grande que seja, nem prêmio que proceda da injustiça, que valha a pena recear sempre, esperar sempre o castigo que ameaça o injusto. [***]*

XIII

Suponhamos dois homens: um, o melhor de todos, de suma equidade e justiça, e de fé singular; outro, insigne na maldade e na audácia; suponha-se que uma cidade caiu no erro de crer que o varão virtuoso era malvado, facinoroso e infame; que, pelo contrário, considere o ímprobo como de suma probidade e fé; que, por essa opinião de todos os cidadãos, aquele varão virtuoso seja insultado, encerrado, mutilado em mãos e pés, cegado, condenado, torturado, queimado e proscrito; que morra de miséria, longe da pátria, e pareça, enfim, o mais infeliz dos homens, assim como o mais miserável. Por outro lado, cerquemos o malvado de adulações, de honras, do apreço geral; cumulemo-lo de dignidades, categorias, riquezas, e proclamemo-lo, unanimemente, o mais virtuoso e o mais digno de prosperidade pelo julgamento comum. Quem será tão demente que hesite na escolha da conduta de ambos?

XIV

Nos povos, como nos indivíduos, não há cidade tão imbecil que não prefira imperar com a injustiça, a cair pela justiça na servilidade. Não procurarei exemplo muito longe; eu era cônsul, e vós fazíeis parte do meu conselho, quando tive de julgar o tratado numantino[140]. Quem ignorava que Quinto Pompeu tinha assinado o tratado, e que se dava o mesmo com Mancino[141]? Homem virtuoso, aprovou este a lei que eu apresentei,

---

*. Lapso do original: perderam-se cerca de oito páginas do manuscrito. (N.E.)
140. De Numância, que foi destruída por Cipião Emiliano.
141. Hostílio Mancino, cônsul romano, entregue aos numantinos por ter firmado com estes um tratado de paz vergonhoso, que o povo não quis ratificar.

depois de consultado o Senado; aquele combateu-a, acérrimo. Se procurais pudor, honradez, boa-fé, procurai-a em Mancino; quanto à sabedoria, em política, em prudência, quem poderá superar Pompeu? [∗∗∗]*

XV

Se um varão reto e honrado tem um escravo fugitivo, ou uma casa insalubre e pestilenta, cujos vícios só ele conhece, e suponho que os taxe para vendê-los, dirá a todos os que quiserem ouvi-lo que vende um escravo fugitivo e uma casa pestilenta, ou o ocultará a quem tiver de comprá-los? Se o declara, passará por honrado, e também por idiota, porque não os venderá, ou os venderá por preço insignificante. Se o oculta, será prudente, porque prosperará nos negócios, e também malvado, porque engana. Pelo contrário, se esse homem encontrar outro que venda ouro julgando vender metal dourado ou prata, ou chumbo, avisá-lo-á para que aumente o preço? Não passará isso de insigne tolice.

Não há dúvida de que a justiça prescreve que não se mate o próximo, nem se toque no que lhe pertence. Mas, que fará o justo que, no perigo de um naufrágio, vê agarrar-se a uma tábua outro mais fraco do que ele? Expulsá-lo-á para salvar-se, mormente quando no meio do mar ninguém pode presenciar tal fato? Fá-lo-á se proceder cordatamente, posto que pereceria se o não fizesse. Se prefere morrer a prejudicar a outrem, será na verdade justo, mas estulto, pois dá sua vida para salvar a alheia. Da mesma forma, se, fugindo diante do inimigo, vê um homem ferido montado em um cavalo, deixá-lo-á nele para morrer às mãos do inimigo, ou o desmontará para se aproveitar desse meio de salvação? Será mau se o faz, mas prudente; insensato se não o faz, embora honrado.

XVI

Cipião: — Eu não insistiria, amigo Lélio, se os nossos amigos, assim como eu, não desejassem ver-te tomar parte nesse diálogo. Disseste ontem que teu discurso seria mais longo do que o meu; mas, se isso não for possível, suplicamos-te que nos digas alguma coisa.

---

*. Lapso do original: perderam-se muitas páginas do manuscrito neste ponto de texto. (N.E.)

Lélio: — Essa tese de Carnéades não deve achar ouvidos na nossa juventude. Se sente o que diz, é homem impuro, e, se não o sente, seu discurso não é menos digno de censura.

XVII

A razão reta, conforme à natureza, gravada em todos os corações, imutável, eterna, cuja voz ensina e prescreve o bem, afasta do mal que proíbe e, ora com seus mandados, ora com suas proibições, jamais se dirige inutilmente aos bons, nem fica impotente ante os maus. Essa lei não pode ser contestada, nem derrogada em parte, nem anulada; não podemos ser isentos de seu cumprimento pelo povo nem pelo Senado; não há que procurar para ela outro comentador nem intérprete; não é uma lei em Roma e outra em Atenas, uma antes e outra depois, mas una, sempiterna e imutável, entre todos os povos e em todos os tempos; uno será sempre o seu imperador e mestre, que é Deus, seu inventor, sancionador e publicador, não podendo o homem desconhecê-la sem renegar-se a si mesmo, sem despojar-se do seu caráter humano e sem atrair sobre si a mais cruel expiação, embora tenha conseguido evitar todos os outros suplícios.

XVIII

A virtude quer a glória como único prêmio, e a quer sem amargura.
Com que riquezas recompensarás o varão justo? Com que império? Com que reino? Julga esses bens como humanos, e os seus como divinos. Porque, se a ingratidão do universo, ou a inveja da multidão, ou inimigos poderosos, tiram à virtude seu prêmio, sempre desfruta ela de inúmeros consolos, consolando-se, sobretudo, com a própria beleza.

XIX

[***]* Ao voltar Tibério Graco da Ásia, perseverou na justiça para com os seus concidadãos; não respeitou, porém, os direitos nem os tratados concedidos aos aliados e aos latinos. Se esse procedimento se repetir, se essa licença for mais longe e arruinar os nossos direitos para substituí-los

---
*. Lapso do original. (N.E.)

pela violência; se um dia os que nos obedecem ainda pela afeição só puderam ser contidos pelo terror, receio muito, não por mim, pois em minha idade já não tenho muitos dias para oferecer ao nosso país, mas por nossos filhos e pela imortalidade de nosso império, imortalidade que nos foi assegurada pelas instituições e costumes de nossos pais.

XX

Tendo Lélio dito isso, todos lhe manifestaram o prazer que sentiram ao ouvi-lo. Cipião, mais contente e comovido do que os outros:

— De tal modo, Lélio, defendeste essa tese – disse-lhe – que me atrevo a comparar-te com o nosso colega Sérvio Galba[142], o qual, em vida, sobrepujava a todos os oradores.

[***]*

XXI

Quem podia chamar República – continuou Cipião – ao Estado em que todos estavam oprimidos pela crueldade de um? Não havia vínculos de direito, nem consentimentos na sociedade, que é o que constituía o povo. O mesmo aconteceu em Siracusa. Aquela cidade preclara, que Timeu dizia ser a maior das gregas, e por sua formosura a todas preferível, não chegou a ser uma República sob a dominação de Dionísio, apesar das suas muralhas, dos seus portos banhando a cidade, das suas largas ruas, dos seus templos e dos seus pórticos. Nada de tudo isso era do povo nem para o povo. Posto que, onde está o tirano, não só é viciosa a organização, como ontem eu disse, como também se pode afirmar que não existe espécie alguma de República.

XXII

Lélio: — Falas admiravelmente, e já adivinho o objeto que se propõe teu discurso.

---

142. Célebre orador do tempo da República.
  *. Lapso do original: perderam-se cerca de doze páginas do manuscrito. (N.E.)

Cipião: — Vês, pois, que, onde tudo está sob o poder de uma facção, não se pode dizer que existe República.

Lélio: — Assim o julgo, francamente.

Cipião: — E julgas bem. Que foi de Atenas quando, depois daquela grande guerra do Peloponeso, se lhe impuseram tantos chefes pela força? A vetusta glória da cidade, o pomposo aspecto dos seus edifícios, o seu teatro, os seus ginásios, os seus pórticos, os mosaicos célebres dos seus pavimentos, a sua cidadela, as obras de Fídias[143], o magnífico porto do Pireu, bastavam para fazer de Atenas uma República?

Lélio: — Não, certamente, porque nada ali era do povo.

Cipião: — E quando os decênviros em Roma, mandando sem apelação, chegaram a ferir a liberdade de morte?

Lélio: — A coisa do povo já não existia, e breve este lutou para recuperá-la.

XXIII

Cipião: — Chego, enfim, a tratar da terceira forma de governo, em que talvez encontremos, também, não poucas dificuldades. Quando todo o poder está em mãos do povo, senhor único; quando a multidão, inapelável, soberana, fere, mata, aprisiona, confisca os bens a seu talante, podes, Lélio, negar que exista uma República, posto que queremos que a República seja coisa do povo?

Lélio: — A nenhum Estado negarei tanto esse nome como àquele em que tudo está sob o poder da multidão. Negamos o nome de República a Siracusa, a Agrigento, a Atenas, quando dos tiranos, e a Roma, quando dos decênviros; não creio que corresponda mais o nome de República ao despotismo da multidão, porque o povo não está para mim, como tu ontem, Cipião, disseste muito bem, se não existe o consentimento pleno de direito, sendo esse conjunto de homens tão tirano como se fosse um só e tanto mais digno de ódio quanto nada há de mais feroz do que essa terrível fera que toma o nome e imita a forma do povo. Se as nossas leis privam dos seus bens os insensatos, como deixá-los de posse do poder? [***]*

---

143. O mais ilustre escultor da Antiguidade, nascido em Atenas.

*. Lapso do original: perderam-se cerca de oito páginas do manuscrito. (N.E.)

XXIV

[***] Não se pode dizer da aristocracia o que nesse ponto dissemos da monarquia.

Múmio: — E também muito mais. Um poder que se não há de dividir expõe, com efeito, os reis a parecerem déspotas, ao passo que a administração de muitos homens virtuosos faz com que não seja fácil encontrar um estado melhor. Prefiro, entretanto, a monarquia à dominação do povo inteiramente livre, terceiro sistema, e o mais defeituoso, de que ainda te falta falar.

XXV

Cipião: — Reconheço, Espúrio, tua aversão ao sistema popular, e, mesmo que pudesse ser tratado com mais lenidade do que a que costumas usar, concedo, não obstante, que, dos três gêneros, é esse o menos digno de aprovação, mas não estou de acordo contigo em preferir ao rei os aristocratas; porque, se é a sabedoria que há de governar a República, que importa que resida em um ou em muitos? Mas as próprias palavras nos fazem cair no erro. Quando falamos de aristocracia, pensamos no governo dos *otimates*. Mas, quando fazemos menção de um rei, ocorre-nos o qualificativo de injusto. No entanto, não pensamos na injustiça ao falarmos do governo monárquico. Pensa em Rômulo, em Pompílio ou em Túlio Hostílio, e talvez, então, se torne menor tua severidade.

Múmio: — Que achas, pois, digno de elogio na constituição democrática?

Cipião: — Parece-te democrática, Espúrio, a constituição de Rodes?

Múmio: — Sim, na verdade, e pouco digno de vitupério.

Cipião: — Dizes bem; e, se te lembras de quando estiveste lá comigo, verás que todos, ali, tão depressa pertenciam à plebe como ao Senado, cumprindo ora os deveres populares, ora os senatoriais. Por ambos os conceitos, recebiam seus direitos, e tanto no teatro como nos comícios tomavam conhecimento de todos os assuntos, desde os de maior importância até os mais insignificantes.

[***]*

---

*. Provável lapso do manuscrito original. (N.E.)

LIVRO QUARTO*

---

*. Há um lapso entre o final do livro terceiro e este livro quarto, pois se perderam as inúmeras páginas correspondentes do manuscrito original, tendo restado apenas os breves fragmentos dispersos aqui contidos. Algumas das edições consultadas apontam a existência de trechos extras, de autenticidade duvidosa. Respeitamos aqui a numeração dos capítulos conforme adotada pelo tradutor, todavia procuramos indicar ao leitor os períodos em que há evidentes lapsos de conteúdo. (N.E.)

I

[Cipião:] — Foi acertada a divisão por ordens, idades e classes; na dos cavaleiros, exerciam os senadores seu sufrágio, não sem que se quisesse destruir por muitos, nesciamente, essa ordem de cavalaria.

II

Considerai agora, além disso, de que modo se procurou assegurar aos cidadãos uma vida pura e honesta na sociedade, vida que é sua primeira causa, e que os indivíduos da República devem esperar das instituições e das leis. Pelo que se refere ao princípio de educação das crianças de condição livre, em que tantas vezes se frustraram os trabalhos assíduos dos gregos, e ponto em que o nosso hóspede Políbio acusa as nossas instituições de negligência, não se quis que se fixasse pelas leis, nem que fosse público o ensino, nem que para todos fosse o mesmo. [***]*

III

Nossos antigos costumes proibiam que os púberes se despissem no banho. Desse modo, procuravam afirmar as raízes do pudor. Em compensação, entre os gregos, que exercícios tão absurdos os de seus ginásios, que ridícula preparação para os trabalhos da guerra, que lutas e que amores tão livres e dissolutos! Passo por alto Eleia e Tebas, onde era autorizada a mais libidinosa e absoluta licença. Os próprios lacedemônios, concedendo tudo nos amores da juventude, exceto o estupro, levantaram apenas uma débil muralha entre o que toleravam e o que proibiam; permitir reuniões noturnas e todo gênero de excessos era querer deter um rebanho com um lenço.

Lélio: — Vejo claramente, Cipião, nessa crítica dos costumes gregos, que preferes falar dos povos de mais fama a lutar com Platão, ao qual não aludes. [***]**

IV

Jamais a comédia, se não a tivessem autorizado os costumes públicos, teria podido apresentar no teatro tão vergonhosas infâmias. Os gregos,

---

*. Lapso do original: perderam-se cerca de seis a oito páginas do manuscrito. (N.E.)
**. Provável lapso do original. (N.E.)

mais antigos nos seus vícios, permitiam que se dissesse no teatro tudo quanto se quisesse, como se quisesse, sem respeitar os nomes próprios.

A quem não aludiu a comédia? Ou antes, a quem não deixou de aludir? A quem perdoou? Pode permitir-se que fustigasse homens populares na República, como ímprobos e sediciosos: Cléon[144], Cleofonte[145], Hipárbolo[146]. Pode imaginar-se que, para essa gente, mais eficaz do que a alusão do poeta fosse a censura dos seus cidadãos. Mas, ultrajar, em verso e em cena, Péricles, que, durante tantos anos, na paz como na guerra, com um crédito tão legítimo, regeu os destinos de sua pátria, é menos tolerável do que se, entre nós, ultrajasse Plauto[147] a Névio, ou a Cipião, a Catão, e a Cecílio[148].

Nossas leis das Doze Tábuas, tão parcas em impor a pena capital, castigavam com essa pena o autor ou o recitador de versos que atraísse sobre outrem a infâmia. Essa disposição foi sábia, porque devemos submeter nossa vida às decisões legítimas dos juízes e dos magistrados, e não ao engenho dos poetas; e não devemos ouvir censuras senão onde a resposta é lícita e nos possamos defender judicialmente.

[***]

---

144. Demagogo ateniense a quem Aristófanes faz várias alusões cômicas.
145. Filósofo e demagogo ateniense.
146. Orador ateniense.
147. Poeta cômico latino.
148. *Idem.*

LIVRO QUINTO*

---

*. Há um lapso considerável do manuscrito original neste livro quinto, pois se perderam a maior parte de suas páginas, tendo restado apenas os fragmentos dispersos aqui contidos. Respeitamos a numeração dos parágrafos conforme estabelecida pelo tradutor, todavia indicamos no texto os pontos em que se deram os prováveis lapsos de conteúdo. (N.E.)

I

Se Roma existe, é por seus homens e seus hábitos.[149]

A brevidade e a verdade desse verso fazem com que seja, para mim, um verdadeiro oráculo. Com efeito: sem nossas instituições antigas, sem nossas tradições venerandas, sem nossos singulares heróis, teria sido impossível aos mais ilustres cidadãos fundar e manter, durante tão longo tempo, o império de nossa República. Assim, antes da nossa época, vemos a força dos costumes elevar varões insignes, que por sua parte procuravam perpetuar as tradições dos seus antepassados. Nossa idade, pelo contrário, depois de ter recebido a República como uma pintura insigne, em que o tempo começara a apagar as cores, não só não cuidou de restaurá-la, dando novo brilho as antigas cores, como nem mesmo se ocupou em conservar pelo menos o desenho e os últimos contornos. Que resta daqueles costumes antigos, dos quais se disse terem sido a glória romana? O pó do esquecimento que os cobre impede, não já que sejam seguidos, mas conhecidos. Que direi dos homens? Sua penúria arruinou os costumes; é esse um mal cuja explicação foge ao alcance da nossa inteligência, mas pelo qual somos responsáveis como por um crime capital. Nossos vícios, e não outra causa, fizeram que, conservando o nome de República, a tenhamos já perdido por completo.

II

[***] Nada havia tão real como a explanação da equidade, na qual se compreendia a interpretação do direito; porque costumavam os gregos submeter à decisão dos reis a interpretação do direito privado. Por isso, as terras, os campos, os pastos e os bosques se reservavam aos reis, como bens da coroa, para que o cuidado dos seus interesses pessoais não pudesse distraí-los dos assuntos públicos. Nenhum particular podia se constituir em juiz ou árbitro de um litígio; porque tudo isso era reservado e conferido ao poder real. Julgo que, entre nós, foi Numa quem conservou mais esses velhos costumes dos reis da Grécia, pois os outros, se bem que tivessem posto algum cuidado nisso, tomaram maior parte na guerra,

---

149. *Moribus antiquis res stat romana virisque* (verso de Ênio).

cultivando principalmente esse direito. E, no entanto, aquela tranquila e longa paz de Numa gerou em Roma o direito e a religião. E, desse modo, escreveu ele aquelas leis que hoje subsistem, e, ao fazê-lo, fez algo próprio do cidadão modelo de que falamos. [***]

III

Cipião: — Será possível que te admires de que um agricultor conheça as raízes e as sementes?

Manílio: — Não, por certo, se a obra se realiza.

Cipião: — Julgas, pois, que é próprio do agricultor esse estudo?

Manílio: — Sim, se cuida do cultivo dos campos.

Cipião: — Pois bem: assim como o agricultor conhece a natureza do terreno e assim como um escritor sabe escrever, procurando ambos, na sua ciência, antes a utilidade do que o deleite, assim também o homem de Estado pode estudar o direito, conhecer as leis, beber nas suas próprias fontes, sob a condição de que as suas respostas, escritos e leituras o ajudem a administrar retamente a República. Certamente, deve conhecer o direito civil e natural, sem cujo conhecimento não pode ser justo. Mas deve ocupar-se com tais coisas como o piloto se ocupa com a astronomia, e o médico com as ciências naturais, referindo esses estudos à prática de sua profissão, aproveitando-se deles no que lhe possam ser úteis e sem se separar do verdadeiro caminho que empreendeu. [***]

IV

[***] Nessas cidades, os melhores fogem da ignomínia e do menosprezo, procurando a estima e o elogio de seus concidadãos. Na verdade, não os aterram menos as penas mais cruéis, consignadas nas leis, do que a desonra que repugna à natureza do homem e faz brotar nela um temor espontâneo. O político hábil procura fortificar esse instinto com a opinião, com as instituições, com os costumes, para que a consciência do dever seja, antes que o temor, um poderoso freio. Isso, porém, não se prende ao assunto, senão no que se refere à glória, da qual tivemos ocasião de tratar mais amplamente.

V

Quanto ao que se relaciona com a vida privada, nada há de mais útil e necessário à vida e aos costumes do que o matrimônio legal, os filhos legítimos, o culto do lar doméstico, para que todos tenham assegurado seu bem-estar pessoal no meio da felicidade comum. Em suma, não há felicidade sem uma boa constituição política; não há paz, não há felicidade possível, sem uma sábia e bem organizada República.

[***]

LIVRO SEXTO

[O Sonho de Cipião]*

I

[Cipião:] Se bem que a melhor recompensa de sua virtude sem mácula seja, para os sábios, a consciência plena de suas boas ações, e se bem que essa virtude divina não deseje estátuas sustentadas por um pouco de chumbo, nem coroas de lauréis efêmeros, aspira, no entanto, a um gênero de recompensa mais estável e de esplendor mais permanente.

Lélio: — Qual é a recompensa?

Cipião: — Posto que já estamos no terceiro dia feriado, permiti-me que vos dirija a palavra pela última vez.

II

Quando tribuno da quarta legião, como sabeis, cheguei à África, no Consulado de Manílio, a primeira coisa que fiz foi visitar o rei Masinissa[150], cuja família estava unida à minha por uma sincera e estreita amizade. Uma vez na sua presença, o velho, abraçando-me, derramou algumas lágrimas, ergueu os olhos para o céu, e disse: "— Graças ao sol, e a vós todas, deidades celestes, por me haverdes deixado ver, antes de abandonar a vida, em meu reino e sob este teto, Públio Cornélio Cipião, cujo nome é o bastante para me despertar alegria, recordando em minha alma o varão invicto de virtudes memoráveis". Interroguei-o sobre o seu reino, e ele a mim sobre a nossa República, consagrando ambos o dia à satisfação da nossa mútua curiosidade.

III

Depois de um régio banquete, continuamos conversando a noite toda, sem que aquele ancião falasse de outra coisa a não ser de Cipião, o Africano, de quem recordava não só os feitos, mas também as frases que

---

*. Este foi o único texto deste livro sexto preservado ao longo dos tempos. As edições consultadas apontam a existência de prováveis fragmentos introdutórios e posteriores à narrativa, porém de autenticidade duvidosa. (N.E.)

150. Rei da Numídia, aliado dos romanos.

havia ouvido. Por fim, quando nos retiramos para os nossos quartos, achei-me tão fatigado da viagem e de ter velado a noite toda, que caí logo em um sono muito mais profundo do que o que de ordinário costumava desfrutar. Então (talvez pela impressão do que tínhamos conversado, porque é frequente que os pensamentos e as palavras da vigília produzam durante o sono efeito análogo ao que escreve Ênio de Homero, sobre quem com frequência costumava falar e pensar), Africano se me apresentou sob aquela forma que eu conservava na minha imaginação, mais por ter visto seu retrato do que sua própria figura. Quando o vi, comecei a tremer. Mas ele: "— Serena teu ânimo, Cipião – disse-me –, e grava na mente minhas palavras.

IV

Vês aquela cidade, que, obrigada por mim a sofrer o jugo romano, renova a guerra primitiva e se sente incapaz de aquietar-se? – Mostrava-me Cartago de um lugar excelso, cheio da luz que derramavam sobre ele as fulgentes estrelas. – Vês aquela cidade que vens combater agora como simples soldado? Antes de dois anos, serás cônsul para destruí-la, e o nome que tens por minha herança conquistarás por ti mesmo. Quando tiveres destruído Cartago e quando, depois do teu triunfo, tiveres sido censor e legado no Egito, na Síria, na Ásia, na Grécia, serás nomeado, ausente, novo cônsul, e darás fim à maior das nossas guerras, reduzindo Numância a cinzas. Mas depois que tiveres subido ao Capitólio, levando nas rodas de teu carro a vitória escrava, serás vítima da perturbação que meu neto, com seu conselho, terá produzido na república.

V

Então, Cipião, será preciso esgotar, em proveito da pátria, todos os recursos do teu valor, do teu gênio, da tua sabedoria, porque, nessa época, vejo quase incerto o roteiro do destino. Quando tua vida mortal, por oito vezes, tenha visto passar sete revoluções do sol; quando esses dois números, ambos perfeitos, cada um por diferente causa, tenham formado para ti, na sua natural evolução, a cifra fatal, para ti e para teu nome dirigirá os olhares a cidade inteira, para ti o Senado, para ti os bons cidadãos, para ti os aliados, para ti os latinos voltarão seus olhos; só em ti descansará a salvação da pátria; e ditador, enfim, serás o destinado a organizar a nova República, se conseguires escapar das mãos ímpias dos teus parentes." Lélio e todos os que ouviram Cipião lançaram um grito de horror. Ouvindo-o, disse o Africano: — Não perturbeis o meu sonho; continuai a ouvir tranquilos o que segue.

VI

Para inspirar-te maior alento, ó Africano, na defesa da República, deves saber que todos os que socorrem, salvam ou engrandecem a pátria têm no céu um lugar marcado e certo, no qual desfrutarão felicidade e beatitude sempiternas; porque nada é mais grato a Deus, a esse Deus que a todos governa, do que essas sociedades de homens formadas sob o império do direito, que se chamam Estados, cujos legisladores, como os que a governam e conservam, partem daquele lugar a que hão de voltar um dia mais próximo ou remoto.

VII

Então, apesar da perturbação de que me achava possuído, menos pelo receio à morte do que pelo horror à traição dos meus, perguntei-lhe se ele e meu pai ainda viviam, assim como a todos os que julgávamos mortos: "— Dize antes – respondeu – que vivem só aqueles que os vínculos do corpo conseguiram romper como as grades de uma prisão; verdadeiramente, não passa de morte o que chamais de vida. Como prova, olha teu pai Paulo, que para ti vem.". Ao vê-lo, brotou-me dos olhos um caudal de lágrimas; ele, porém, com abraços e ósculos de amor, impediu que eu chorasse.

VIII

Quando, por fim, consegui secar os olhos e recobrei a fala, exclamei: "— Dize-me, ó melhor e mais santo dos pais, se é esta a vida, conforme assegura Africano, por que é a terra minha morada e a vosso lado não me é lícito ir?". "—Não será assim – respondeu – quando Deus, cujo templo é tudo o que tua vista alcança, te livrar da escravidão do corpo e abrir para ti esta morada celeste. Porque os homens foram gerados com uma lei que hão de cumprir: a de cuidar daquele globo que vês no meio deste templo e que se chama Terra; foi sob essa condição que sua alma foi tirada destes fogos eternos que chamais de astros e constelações móveis; animados por inteligências divinas, os círculos e órbitas dessas esferas percorrem-nas com incrível celeridade. Eis por que tu, Públio, e todos os homens piedosos estais sujeitos à tirania do corpo, sem poderdes abandonar o sítio que vos foi indicado nem deixar a vida sem serdes desertores da tarefa indicada por Deus. Assim, Cipião, como teu avô, e eu, que te gerei, cultiva em tua alma a justiça e a piedade, que devem ser grandes para com os parentes e os amigos, e mais sagradas ainda para com a pátria. Esse e não outro é o caminho das mansões celestiais, em que os que já viveram, livres de todo laço e ligação, veem girar os mundos e passar os séculos em um eterno dia sem crepúsculo."

IX

Mostrava-me, então, o esplendoroso círculo que brilhava com luz deslumbrante no meio dos fogos celestiais que chamais de *Via Láctea* por tê-lo aprendido dos gregos; e meus olhos contemplaram surpreendentes maravilhas. Eram aquelas as pedras siderais, que nunca podemos contemplar da Terra, cujas magnitudes nunca pudemos conceber; a menor era a que, com luz alheia, brilhava mais longe do céu e perto da Terra. Aqueles globos estrelados superavam a Terra imensamente em magnitude. Nossa morada terrestre me fez sentir vergonha, por sua pequenez, do nosso império, que ocupava no espaço ilimitado um ponto apenas perceptível.

X

A voz do Africano me tirou do meu êxtase, ressoando augusta: "— Até quando – disse – teu olhar na Terra permanecerá absorto? Não vês esses santuários? Estão diante de ti nove globos, ou antes, nove esferas, que compõem enlaçadas o Universo, e o que ocupa um lugar excelso nas alturas, o mais longínquo, o que dirige, contém e abraça todos os outros, é o próprio Deus soberano, no qual se fixam, em seu movimento, todos os astros seguindo o seu curso sempiterno; mais abaixo, resplandecem sete estrelas impelidas em um curso retrógrado, em oposição ao movimento dos céus. Uma dessas pedras miliárias é chamada Saturno na Terra; propício e saudável ao gênero humano é aquele fogo que se chama Júpiter; mais além está Marte, horrível e sangrento para a Terra; perto, no centro dessa esplendente região, ergue-se o Sol, príncipe moderador das outras luminárias, alma e princípio regulador do mundo, que com sua luz fulgente completa e ilustra tanta magnitude e tanta grandeza. Atrás deles, qual cortejo brilhante, seguem seu curso Vênus e Mercúrio, e, por fim, banhada pelos raios solares, em último lugar, com majestade serena, roda a Lua. Mais abaixo, nada é senão mortal e caduco, exceto as almas, que os homens devem à munificência dos deuses; sobre a Lua, tudo é eterno. A Terra, por sua parte, nona esfera, colocada na região central do mundo e do céu a mais distante, ínfima e imóvel, sente o peso de todos os astros que sobre ela gravitam.".

XI

Quando, por fim, sacudi o letárgico estupor que tal espetáculo me produziu, perguntei: "— Que som doce e intenso é esse que chega aos meus ouvidos?". "— É a harmonia que, a intervalos desiguais, mas sabiamente combinados, produz a impulsão e o movimento das esferas em que, misturando-se os tons agudos com os graves, se produzem acordes e diversos conceitos; não se pode realizar em silêncio tamanho movimento, e a natureza quis que, quando as notas agudas vibram em um lado, as graves ressoem em outro. Por esse motivo, o primeiro mundo sideral, mais rápido na sua evolução, produz um ruído precipitado e estridente, ao passo que a Lua, com seu curso inferior, produz um som grave e lento; a Terra, nono globo, fica imutável e muda no centro do Universo, na região mais baixa, eternamente fixa. Assim, pois, esses oito astros, dois dos quais são tão parecidos, Vênus e Mercúrio, produzem sete sons separados por iguais intervalos, e esse número sete é quase sempre o nó de todas as coisas. Os homens inspirados, que, com instrumentos diversos ou com a voz, imitam esses cantos abrem caminho e procuram ingresso neste sítio, do mesmo modo que os outros, que, mediante seu engenho na vida humana, cultivaram os estudos divinos. Essa harmonia, ressoando nos ouvidos dos homens, ensurdeceu-os sem que chegassem a compreendê-la, e vós, por outra parte, tendes esse sentido pouco desenvolvido. Assim como o Nilo, nos lugares chamados cataratas, se precipita de montes altíssimos e ensurdece as pessoas que se encontram perto daquele lugar com o ruído estridente com que se despenha, assim também não podeis escutar a prodigiosa harmonia do Universo inteiro no seu giro rápido, e não podeis contemplar o Sol de frente, sem que seu esplendor deslumbre vossa vista." Absorto com o que escutava, eu não deixava, por isso, de voltar os olhos com frequência para a Terra, que se me apresentava ao longe como um ponto.

XII

Então, disse o Africano: "— Vejo que contemplas, agora, a morada do homem; se te parece pequena, como é realmente, desdenha as coisas humanas e volve teus olhos para o céu. Dize-me que fama, que celebridade, que glória entre os homens esperas conseguir. A Terra só é habitada em alguns pontos longínquos, e esses pontos, incômodos e angustos, estão separados por imensas solidões. Os povos não só estão separados até o extremo de não se poderem comunicar uns com os outros, como também, separados de vós e em outro hemisfério, não podeis, às vezes, esperar deles glória alguma.

XIII

Contempla essas faixas que, como cingidouros, circundam a Terra; duas dessas faixas, diversas entre si, se apoiam em diferentes polos do céu, achando-se cobertas pelo gelo e a neve de um inverno perpétuo e cruel; em compensação, a que está no centro é maior e arde ao fogo do sol. Duas são as faixas ou zonas habitáveis: a austral, cujos habitantes são, por sua posição, opostos a vós, e tão estranhos que parecem não ser de vossa raça; essa outra parte, por vós habitada, estreita nos vértices e ampla no centro, não é mais do que diminuta ilha, rodeada pelo mar a que na Terra chamais Grande Oceano Atlântico, tão pequeno como vês, apesar de tanto nome. Mas, no centro mesmo dessas terras conhecidas e habitadas, conseguiu o teu nome ou de algum dos nossos compatriotas transpor os cumes do Cáucaso ou as ribeiras do Ganges? Quem no extremo Oriente, ou nos confins de norte a sul do Ocidente, ouvirá pronunciar o teu nome? E, sobretudo, repara como é estreita a esfera em que vossa efêmera glória quer dilatar-se. Mesmo os que falam de vós, falarão muito tempo?

XIV

Supondo mesmo que as futuras gerações, recebendo dos seus avós a fama de cada um de nós, ponham um cuidado extraordinária em transmiti-la, as inundações e os incêndios, inevitáveis na Terra em determinadas épocas, impediriam que adquiríssemos uma glória, não já eterna, mas perecedora. Que interesse tens, por outra parte, em seres nomeado pelos que hão de nascer depois de tua morte, sem que tenhas sido pelos que nascerem antes, varões que não foram menos, mas decerto melhores?

XV

Supondo mesmo que o vosso nome chegasse àqueles que podem ouvi-lo, nenhum poderia guardar a memória de um ano; porque, se, conforme os cálculos vulgares, se mede o ano pela revolução de um só astro, o Sol, para medir um ano verdadeiro seria preciso esperar a volta de todos os astros ao ponto primitivo de onde partiram para percorrer suas órbitas depois de longos intervalos; só então se poderá dizer que transcorreu um ano, o qual compreenderá certamente mais séculos do que conta o homem. Pareceu, outrora, que o Sol se extinguia e eclipsava à vista dos homens, quando a alma de Rômulo penetrou neste mesmo templo; assim, quando na mesma parte o próprio Sol se eclipsar de novo, quando os astros voltarem ao mesmo signo e ocuparem o mesmo lugar que então ocupavam, terá transcorrido esse ano; hoje ainda não transcorreu a vigésima parte.

XVI

Se chegasses, pois, a desesperar de voltar para este sítio, em que estão as almas de todos os grandes e insignes varões, que seria para ti essa glória humana, que só uma exígua parte do ano pode durar? Assim, pois, se quiseres fixar teus olhares na altura e no interior deste eterno santuário, desdenha as palavras do vulgo, deixa de estar dependente delas e de esperar recompensas aos teus atos humanos, e procura fazer que só o atrativo da virtude te conduza à verdadeira glória. Julguem os homens e falem de ti como lhes aprouver: suas palavras não transporão as estreitas regiões terrestres que vês, nem se renovará o seu eco; morrerá com uma geração, extinguindo-se no esquecimento da posteridade."

XVII

Depois que ele disse isso: "— Ó Africano – prorrompi – se os que bem merecem da pátria encontram abertas as portas da verdadeira glória, eu, que desde a minha infância segui as pegadas de meu pai e as tuas, para tornar-me digno do vosso nome, serei muito mais cuidadoso nesse propósito, com a esperança de tão alta recompensa!". "— Luta sem descanso para consegui-la – respondeu-me – e fica sabendo que não és mortal, mas teu corpo, porque não és o que pareces por sua forma. O homem está na alma, e não naquela figura que com o dedo se pode mostrar. Fica, pois, sabendo que é Deus, se Deus é quem pensa, quem sente, quem recorda, quem provê e rege, modera e move o corpo, de que é dono como Deus do mundo, quem, como eterno Deus soberano, move o Universo e seu corpo mortal com as energias de seu espírito.

XVIII

Eterno é o que sempre se move, mas o ser que recebe o movimento de outro e não faz senão transmiti-lo, é necessário que deixe de viver, uma vez que cessa o movimento que se lhe comunica. Só existe, pois, um ser que se move por si mesmo, que nunca cessará seu movimento, porque nunca se cansa. Todas as outras coisas que se movem acham nele o princípio do seu movimento. Mas todo princípio carece de origem, posto que tudo nasce dele; não pode nascer ele de coisa alguma, porque, se de alguma nascesse, não seria princípio; e, se nunca começa, nunca acaba. Porque, extinto um princípio, não poderia renascer de outro, nem criá-lo de si, se do princípio há de emanar forçosamente. Por isso, no ser que se move por si mesmo, está o princípio do movimento; nesse ser que não pode ter nascimento nem morte sem que o céu se destrua e fique imóvel toda a natureza, sem força nova que a movesse ao primeiro impulso.

XIX

Uma vez afirmada e demonstrada a eternidade do ser que se move por si mesmo, quem pode negar que a imortalidade é atributo da alma humana? Tudo o que recebe impulso externo é inanimado; todo ser animado deve ter, pelo contrário, um movimento interior e próprio; esta é, pois, a natureza e a força da alma. Com efeito, se somente ela, em todo o Universo, se move por si só, é certo que não teve nascimento e que é eterna. Exercita-a, pois, nas coisas melhores, e fica sabendo que nada há de melhor do que o que tende a assegurar o bem-estar da pátria; agitado e exercitado o espírito nessas coisas, voará veloz para este santuário, que deve ser e foi sua residência, e ainda virá mais depressa se, em sublimes meditações, contemplando o bom e o belo, romper a prisão material que o prende. As almas dos que, abandonados aos prazeres voluptuosos e corporais, foram na vida, servos de suas paixões e, obedientes ao impulso de sua voluptuosidade libidinosa, violaram as leis divinas e humanas, vagam errantes, uma vez quebrada a prisão dos seus corpos, ao redor da Terra, e, só depois da agitação de muitos corpos, ao redor da Terra, e, só depois da agitação de muitos séculos, tornam a entrar nestes lugares."

A visão desapareceu, então, e eu despertei.

Este livro foi impresso pela Gráfica Paym
em fonte Garamond Premier Pro sobre papel UPM Book Creamy 70 g/m²
para a Edipro no outono de 2021.